Hermann P. Laur
Das Fahrerabzeichen

Hermann P. Laur

Das Fahrer-
abzeichen

*Vorbereitung auf die theoretischen
und praktischen Prüfungen*

**Unter Anlehnung an
Wolfgang Hölzel »Das Reiterabzeichen«**

Franckh-Kosmos

Mit 70 Zeichnungen von Gisela Holstein und 3 Zeichnungen aus dem Archiv sowie 36 Fotos vom Verfasser

Umschlaggestaltung: Kaselow Design, München, unter Verwendung eines Dias vom Verfasser

Die Deutsche Bibliothek – CIP-Einheitsaufnahme

Laur, Hermann P.:
Das Fahrerabzeichen : Vorbereitung auf die theoretischen und praktischen Prüfungen ; unter Anlehnung an Wolfgang Hölzel, „Das Reiterabzeichen" / Hermann P. Laur. [Mit 70 Zeichn. von Gisela Holstein]. – 6. Aufl. – Stuttgart : Franckh-Kosmos, 1994
  (Franckh-Reiterbibliothek)
  ISBN 3-440-06898-6

6. Auflage / 1994
© 1980, 1990, 1994, Franckh-Kosmos Verlags-GmbH & Co., Stuttgart
Alle Rechte vorbehalten
ISBN 3-440-06898-6
Printed in Germany / Imprimé en Allemagne
Gesamtherstellung: Brönner & Daentler KG, Eichstätt

Das Fahrerabzeichen

Vorwort

Sachbücher schreibt man nicht allein aus der eigenen Erfahrung, sondern aus dem von anderen übernommenen Wissen. Deshalb möchte ich dieses Buch denjenigen Autoren widmen, aus deren Arbeiten ich die Grundlagen dafür entnommen habe: Graf Carl Gustav von Wrangel, Benno von Achenbach, Oberst a.D. Max Pape, Landstallmeister a.D. H. Fellgiebel, Fahrmeister W. Imhäuser und andere. Ihre im Literaturverzeichnis auf Seite 153 f. angeführten Werke sind allen Fahrern, die weiterkommen möchten, zur Lektüre empfohlen.

Danken möchte ich an dieser Stelle meinem Vater, Oberst a.D. Julius Laur, und meinem Onkel, Dr. Rudolf Bernhard, die mir die Freude an Pferden und am Fahren vermittelt haben, aber auch meinen Fahrlehrern, Wilfried Gehrmann (Wülfrath) und Obersattelmeister a. D. Hans Drießen (Warendorf). Für kritische Durchsicht des Manuskripts bin ich den Herren Oberst a. D. Friedrich-Wilhelm Has, Leopold Graf Rothkirch und Gunter Herppich sehr verbunden.

Mein besonderer Dank aber gilt dem Verfasser des erfolgreichen Parallelbandes „Das Reiterabzeichen", Dr. Wolfgang Hölzel: Mit seinem Einverständnis durfte ich das inzwischen über 100 000fach bewährte Frage- und Antwortsystem auch für „Das Fahrerabzeichen" übernehmen. Wenn diese Neuerscheinung bei den Fahrern nur annähernd so gut ankommt, wie der „Hölzel" bei den Reitern, dann habe ich mein Ziel erreicht.

Der Verfasser

Vorwort zur zweiten bis vierten Auflage

Mit dem Erscheinen der zweiten, der dritten und der vierten Auflage innerhalb weniger Jahre bin ich meiner Zielsetzung schon ein gutes Stück nähergekommen. Besonders freut es mich, daß „Das Fahrerabzeichen" von vielen Lesern nicht nur im engen Zusammenhang mit der Prüfung, sondern allgemein als Fahrlehre genutzt wird. Die Mitwirkung von international so angesehenen Fahrsportexperten wie Hofrat Dr. Heinrich Lehrner und Christian Lamparter bei der Vorbereitung der zweiten Auflage empfinde ich als Auszeichnung.

Danken möchte ich heute insbesondere den vielen aktiven Fahrausbildern und Lehrgangsleitern, die mein Buch ihren Fahrschülern in die Hand geben. Da auch die Prüfer sehr oft damit arbeiten, sind „Verständigungsprobleme" in der Theorie des Fahrsports so gut wie ausgeräumt! Sehr froh bin ich natürlich auch über die zahlreichen guten Anregungen aus dem Leserkreis.

Bei jeder Neuauflage konnten daher wertvolle Verbesserungen vorgenommen werden. Auch die Weiterentwicklung von LPO, Aufgabenheft und APO wurden von Fall zu Fall berücksichtigt. Für die vierte Auflage habe ich die Kapitel über die Beschaffenheit und Haltung des Pferdes, über Krankheiten und Verletzungen sowie Erste Hilfe und den Pferdekauf ganz neu geschrieben. Zu stark hatten sich Auffassungen und Erkenntnisse auf diesem Gebiet seit dem ersten Erscheinen verändert. Meiner Tochter, der Tierärztin Christiane Liebig, verdanke ich den für diese Neufassung unerläßlichen fachlichen Rat. Daß diese Auflage nun auch ein besseres und zeitgemäßeres Titelbild bekommen konnte, dafür sage ich dem Verlag herzlichen Dank!

Der Verfasser

Vorwort zur fünften und sechsten Auflage

Aufgrund der anhaltenden Nachfrage entschloß sich der Verlag auch nach dem Tod des Verfassers 1989 zu weiteren Auflagen. Für die fünfte Auflage wurden neue Bestimmungen der APO zum 1. 1. 1990 eingearbeitet, für die sechste Auflage die Änderungen der APO, LPO und des Aufgabenheftes zum 1. 1. 1994 berücksichtigt. Unser herzlicher Dank gilt an dieser Stelle der Deutschen Reiterlichen Vereinigung für ihre freundliche Unterstützung.

Der Verlag

Von der Bedeutung des Fahrerabzeichens

Für manche Menschen mag ein blankes Leistungsabzeichen Anreiz genug sein, sich intensiv auf eine Prüfung vorzubereiten. Gerade das Deutsche Fahrerabzeichen ist nicht übermäßig verbreitet und gewiß attraktiv genug, so daß man es sich nach bestandener Prüfung gern an die Brust heftet. Dieses Motiv allein hat aber offenbar nicht ausgereicht, im Zuge des nachlassenden Interesses am Fahrsport in den 50er und 60er Jahren den stetigen Rückgang der Abzeichen-Prüfungen aufzuhalten.

Die Tendenzwende kam Anfang der 70er Jahre. Engagierte Anhänger des Fahrsports bemühten sich auf nationaler und örtlicher Ebene mit Erfolg um einen Aufschwung. Auch international gewann die fast vergessene Disziplin mit Welt- und Europa-Championaten neues Ansehen. Die plötzliche Nachfrage nach Fahrausbildung, Wagenpferden, Geschirren und Kutschen war kaum zu befriedigen. Auf vielen Turnierplätzen wurden nach langer Pause wieder Fahrprüfungen angeboten. Besonders stürmisch aber war die Entwicklung an der Basis. Mit dem wiedererwachten Interesse am Erlebnis der Natur ohne Autoabgase und Geschwindigkeitsrausch kam das Pferdegespann wieder in Mode. Heute kann der international erfolgreiche deutsche Fahrsport wieder auf einer breiteren Basis aufbauen. Eine wachsende Zahl von Hobby- und Freizeitfahrern betreibt das Gespannfahren ohne sportliche Ambition, allenfalls im Sinne des Breitensports. Und hier gewinnt auch das Fahrerabzeichen eine ganz neue Bedeutung. So schrieb z.B. eine bedeutende Tageszeitung über den verbreiteten Wunsch, auf den Kutschbock zu steigen: ,,Wer dabei nicht als blutiger Laie unangenehm auffallen und zudem noch sicher durch die Straßen kommen will, braucht den ‚Kutschenführerschein‘.''

Längst sehen viele Teilnehmer an Fahrlehrgängen nicht den Turniersport als Ziel an, sondern eher die Beherrschung ihres Hobbygespanns im modernen Straßenverkehr. Dennoch legen auch sie Wert auf die erfolgreiche Abschlußprüfung.

Davon unberührt bleiben die klassischen Motive zum Erwerb des Fahrerabzeichens: Der fleißige Fahrschüler mit Turnierambitionen sucht in der Abzeichenprüfung eine erste Bestätigung des bis dahin erworbenen Könnens durch das Urteil unabhängiger Experten. In einzelnen Reit- und Fahrvereinen oder Verleihställen kann man heute wieder Gespanne mieten, allerdings meist nur, wenn man sich mit dem Fahrerabzeichen als Fortgeschrittener ausweisen kann. Darüber hinaus ist es Voraussetzung für die Startberechtigung auf Turnieren in Leistungsprüfungen der Kategorie B und höher. Für die Zulassung zur Prüfung als Fahrwart muß der Besitz des Fahrerabzeichens in Bronze nachgewiesen werden. Wer Amateur-Fahrlehrer oder Fahrrichter werden möchte, muß zuvor sogar das „Silberne" erwerben. Das Kleine Abzeichen berechtigt zum Start in Prüfungen der Klasse A (Kategorie B), ohne auf die Teilnahme an Wettbewerben der Kategorie C verzichten zu müssen. Der Besitz eines Fahrerausweises Kategorie B schließt von der Teilnahme an Wettbewerben der Kategorie C für Fahrer aus.

Ausbilder und Prüfer aber fragen nicht nach dem Motiv. Hauptsache ist und bleibt das ehrliche Interesse an diesem schönen Sport. Wer den damit verbundenen hohen Aufwand an Zeit, Energie und Kosten nicht scheut, soll nach erfolgreicher Prüfung sein Abzeichen mit Stolz tragen.

Bestimmungen der Deutschen Reiterlichen Vereinigung zum Erwerb eines Deutschen Fahrerabzeichens aufgrund einer Prüfung

Verzeichnis der Abkürzungen:

DFA	=	Deutsches Fahrerabzeichen
FN	=	Deutsche Reiterliche Vereinigung
Kalender	=	Kalender für Pferdeleistungsprüfungen
Kat.	=	Kategorie
Kl.	=	Klasse
LK	=	Landeskommission für Pferdeleistungsprüfungen
LP	=	Pferdeleistungsprüfung
LPO	=	Leistungsprüfungsordnung
LV	=	Landesverband der Reit- und Fahrvereine
PLS	=	Pferdeleistungsschau
PS	=	Pferdeschau
WN	=	Wertnote

1. Zweck der Leistungsabzeichen

Dem Inhaber wird sichtbar bestätigt, daß er über ein bestimmtes Maß an Können und Wissen im Fahren verfügt. Das Abzeichen stellt eine öffentliche Anerkennung dar und soll zu weiteren Leistungen im Umgang mit Pferden sowie im Fahren anspornen.

2. Die Leistungsabzeichen, aufgegliedert nach Klassen

Das Kleine Fahrerabzeichen (DFA IV) soll praktische und theoretische Grundkenntnisse vermitteln, eine sinnvolle Ausbildung fördern und einen Leistungsanreiz schaffen, mit dem sich der jeweilige Leistungsstand überprüfen läßt und dies ohne Überforderung der Prüflinge mit guten Ergebnissen. So vorbereitet, sollen die erhöhten Anforderungen der weiterführenden Abzeichen bewältigt werden: Das Deutsche Fahrerabzeichen in Bronze (DFA III) erfordert Kenntnisse im Rahmen der Klasse A. Umfassende Kenntnisse auf der Ebene von Klasse L und entsprechendes praktisches Können zwei- und vierspännig sind Voraussetzung für das Fahrerabzeichen in Silber (DFA II). Das Goldene Fahrerabzeichen (DFA I) wird nur auf der Basis von hochklassigen Turniererfolgen verliehen.

3. Sonderprüfungen

Die Deutschen Fahrerabzeichen – ausgenommen Klasse I (Gold) – können aufgrund von Sonderprüfungen erworben werden. Zur Sonderprüfung für ein Leistungsabzeichen in Silber werden nur solche Bewerber zugelassen, die wenigstens 1 Jahr im Besitz des entsprechenden Abzeichens in Bronze sind. Hierfür ist wiederum der Besitz des Kleinen Fahrerabzeichens (DFA IV) Voraussetzung, und zwar mindestens 3 Monate.

3.1 Durchführung von Sonderprüfungen

Sonderprüfungen können von Reit-, Fahr- und Voltigiervereinen sowie Ausbildungsstätten, die zum Zeitpunkt der Prüfung dem Niveau eines FN gekennzeichneten Betriebes entsprechen, mit Genehmigung der zuständigen Landeskommission (LK) durchgeführt werden. Sonderprüfungen dürfen nicht in Verbindung mit PS/PLS abgehalten werden. Die Termine für Sonderprüfungen sind der zuständigen LK zu melden. Die Teilprüfungen sind an einem Tag bzw. an zwei aufeinanderfolgenden Tagen abzulegen. Die Gebühren für die Prüfungen sind an die Veranstalter zu entrichten.

3.2 Richter für Sonderprüfungen

Jede Prüfung bzw. Teilprüfung ist durch 2 Richter abzunehmen, die hierfür besonders anerkannt sind und möglichst die Qualifikation FM besitzen. Die LK beruft wenigstens einen der beiden Richter. Richter und Veranstalter sind gemeinsam verantwortlich, daß keine Besorgnis der Befangenheit geltend gemacht werden kann (wenn der Richter z. B. als Fahrlehrer den betreffenden Bewerber unterrichtet hat bzw. als Ausbilder oder Leiter in dem Betrieb tätig ist, in dem die Prüfung veranstaltet wird, oder mit einem Bewerber verwandt ist oder dessen Reiterverein als Mitglied angehört).

Die Richter tun gut daran, vor jeder Sonderprüfung die Teilnahmeberechtigung der Bewerber nachzuprüfen.

3.3 Beurteilung der Leistungen

Die Beurteilung gilt grundsätzlich nur den Leistungen der Fahrer selbst, ohne Rücksicht auf die sonstigen Eigenschaften oder Leistungen der

Pferde bzw. Ponys, die jedoch den Anforderungen der betreffenden Prüfung voll genügen müssen.

In allen Teilprüfungen wird das Richtverfahren nach freiem Ermessen gem. § 58.3 LPO angewandt. In jeder Teilprüfung erhält der Bewerber für seine Leistungen eine Gesamtnote zwischen 10 bis 0 (ausgezeichnet – nicht ausgeführt).

3.4 Wiederholung einer Sonderprüfung

a) Für Deutsches Fahrerabzeichen (DFA III und II):
Eine nichtbestandene Teilprüfung muß im Antragsvordruck eingetragen sein und kann innerhalb von 12 Monaten, frühestens jedoch nach 3 Monaten, wiederholt werden.
Bei zweimaligem Nichtbestehen einer Teilprüfung ist die gesamte Prüfung zu wiederholen.

b) Für das Kleine Fahrerabzeichen (DFA IV):
Eine nicht bestandene Prüfung muß im Antragsvordruck eingetragen sein und kann erst nach 3 Monaten wiederholt werden. Auch bei Nichtbestehen einer Teilprüfung muß die gesamte Prüfung wiederholt werden.

4. Bestimmungen zur Antragsstellung

Antragsvordrucke sind bei der zuständigen LK erhältlich. Hierin sind bestandene Teilprüfungen eines Abzeichens mit Datum und unter Angabe der erzielten Wertnoten von den beiden Richtern durch eigenhändige Unterschrift zu vermerken. Erfolgt der Antrag auf Verleihung eines Leistungsabzeichens aufgrund von Turniererfolgen, so ist der entsprechende Antragsvordruck im Anhang unter genauer Beachtung der dort verlangten Angaben auszufüllen.

Nachdem alle zum Erwerb einer Klasse angehörenden Teilprüfungen bestanden sind, ist der Antrag an die zuständige LK einzusenden, die nach Vornahme des Prüfungsvermerks die Weitergabe an die FN veranlaßt.

Die Aushändigung der Urkunde ist an die Abnahme der Abzeichen gebunden. Der Versand erfolgt per Nachnahme.

Ersatzabzeichen und Ersatzurkunden können durch die FN bezogen werden.

Die Deutschen Fahrer-Abzeichen
Erwerb aufgrund einer Sonderprüfung
Anforderungen

Kleines Fahrerabzeichen	Deutsches Fahrerabzeichen	
DFA Klasse IV	DFA Klasse III in Bronze	DFA Klasse II in Silber

Kleines Fahrerabzeichen – DFA Klasse IV

1. Teilprüfung Praktisches Fahren:
Richtiges Auf- und Absteigen mit vorschriftsmäßigem Abmessen der Leinen und Leinenverschnallung bei Zweispännern. Fahren und Beherrschen eines Zweispänners im Schritt und Trab mit vorschriftsmäßiger Leinen- und Peitschenführung geradeaus, in Wendungen auf einem Platz, im Gelände und im Verkehr gem. Richtlinien Band V. Auf Verlangen der Richter kann Gespannwechsel vorgenommen werden. Beurteilt werden Haltung, Leinen- und Peitschenführung des Fahrers.

2. Teilprüfung Theorie:
Jeder Bewerber ist entsprechend den Anforderungen der Kl. A in jedem der 4 Prüfungsgebiete zu prüfen:
– Grundkenntnisse im sachgemäßen Aufschirren und Anspannen, Ausspannen und Abschirren eines Ein- und Zweispänners
– Grundkenntnisse auf dem Gebiet der Fahrlehre
– Kenntnis der einschlägigen Bestimmungen des Tierschutzgesetzes, des Straßenverkehrsrechtes und des umweltverträglichen Verhaltens beim Fahren im Gelände
– Pferdehaltung und Umgang mit dem Pferd

Deutsches Fahrerabzeichen – DFA Klasse III in Bronze

1. Teilprüfung Praktisches Fahren:
Richtiges Auf- und Absteigen mit vorschriftsmäßigem Abmessen der Leinen und Leinenverschnallung bei Zweispännern. Fahren und Beherrschen eines Zweispänners im Schritt und Trab mit vorschriftsmäßiger Leinen- und Peitschenführung geradeaus, in Wendungen auf einem Platz, im Gelände und im Verkehr und Fahren einer Prüfung in Anlehnung an eine Dressurprüfung Kl. A gem. Richtlinien Band V. Beurteilt werden Haltung, Leinen- und Peitschenführung des Fahrers.

2. Teilprüfung Theorie:
Jeder Bewerber ist entsprechend den Anforderungen der Kl. A in jedem der 4 Prüfungsgebiete zu prüfen:
– Kenntnisse im sachgemäßen Aufschirren und Anspannen, Ausspannen und Abschirren eines Ein- und Zweispänners
– Kenntnisse auf dem Gebiet der Fahrlehre sowie des Leistungsprüfungswesens
– Kenntnis der einschlägigen Bestimmungen des Tierschutzgesetzes, des Straßenverkehrsrechtes und des umweltverträglichen Verhaltens beim Fahren im Gelände
– Pferdehaltung und Umgang mit dem Pferd

DFA Klasse II in Silber

Teilprüfung Praktisches Fahren:
Richtiges Auf- und Absteigen mit vorschriftsmäßigem Abmessen der Leinen und Leinenverschnallung bei Vierspännern. Fahren und Beherrschung eines Vierspänners im Schritt und Trab mit vorschriftsmäßiger Leinen- und Peitschenführung geradeaus, in Wendungen auf einem Platz und im Verkehr und Fahren einer Dressurprüfung Kl. L für Zweispänner gem. Aufgabenheft zur LPO und Richtlinien Band V. Beurteilt werden Haltung, Leinen- und Peitschenführung des Fahrers.

Teilprüfung Theorie:
Jeder Bewerber ist entsprechend den Anforderungen der Kl. L in jedem der 4 Prüfungsgebiete zu prüfen:
– Kenntnisse im sachgemäßen Aufschirren und Anspannen, Ausspannen und Abschirren eines Vierspänners und Beherrschung der Arbeit mit der Doppellonge
– Umfassende Kenntnisse auf dem Gebiet der Fahrlehre sowie des Leistungsprüfungswesens
– Kenntnis der einschlägigen Bestimmungen des Tierschutzgesetzes, des Straßenverkehrsrechtes und des umweltverträglichen Verhaltens beim Fahren im Gelände
– Pferdehaltung und Umgang mit dem Pferd

	Kleines Fahrerabzeichen DFA Klasse IV	DFA Klasse III in Bronze	DFA Klasse II in Silber
Mindestwertnote in allen Teilprüfungen	5,0	5,0	6,5

Beurteilung: Beurteilt werden die Leistungen des Fahrers gem. § 58.3 LPO.

Ausrüstung: gem. § 71 LPO.

Erwerb des DFA Klasse I in Gold
aufgrund von Turniererfolgen

Gewertet werden Turniererfolge (ausschließlich Einzelerfolge) im In- und Ausland. Im Ausland jedoch nur, wenn die Nennung durch die FN gem. Art. 121 RG erfolgt ist. Für ausländische Fahrer werden nur Turniererfolge anerkannt, die im FN-Bereich errungen wurden.

Es werden folgende Anforderungen gestellt:

a) 6 Siege in Dressurprüfungen für Vierspänner Kl. S bzw. Ponys Kl. S mit der Wertnote 6,5 und besser
   oder

b) 10 Siege in Dressurprüfungen für Zweispänner Kl. S mit der Wertnote 6,5 und besser
   oder

c) 5 Siege in Gelände- und Streckenfahrten für Vierspänner Kl. S
   oder

d) 10 Siege in Gelände- und Streckenfahrten für Zweispänner Kl. S
   oder

e) 5 Placierungen an 1.–5. Stelle in kombinierten Prüfungen Kl. S (mit Gelände- und Streckenfahrten) bzw. Vielseitigkeitsprüfungen für Vierspänner Kl. S
   oder

f) 10 Placierungen an 1.–5. Stelle in kombinierten Prüfungen Kl. S (mit Gelände- und Streckenfahrten) bzw. Vielseitigkeitsprüfungen für Zweispänner Kl. S
   oder

g) eine Placierung an 1.–6. Stelle bei der Weltmeisterschaft der Fahrer für Vierspänner oder für Zweispänner
   oder

h) eine Placierung an 1.–3. Stelle bei einem CAIO (Vielseitigkeitswertung für Vierspänner oder für Zweispänner).

Was vor der Prüfung zu bedenken ist

„Fahren lernt man nur durch Fahren!" – Diese Binsenweisheit kann jedem Anwärter auf ein Fahrerabzeichen nicht deutlich genug bewußt gemacht werden. Zwar kommt man im Fahrsport erfahrungsgemäß rascher zu ersten Erfolgen als beim Reiten. Ein intensiver mehrwöchiger Lehrgang kann zur Vorbereitung auf die Prüfung zum Erwerb des Kleinen Abzeichens und des DFA in Bronze bei begabten Anfängern ausreichen. Das wäre beim Reiterabzeichen, für das man doch wenigstens ein Jahr Erfahrung im Sattel mitbringen muß, undenkbar. Aber auch für den Anwärter auf das Fahrerabzeichen der Klassen IV und III ist eine etwas längere Fahrpraxis für ein gutes Ergebnis der praktischen Prüfung wünschenswert. Nicht zu übersehen sind freilich die Schwierigkeiten für alle die Fahrsportinteressenten, die kein eigenes Gespann besitzen. In solchen Fällen sollte es unbedingt dem Ausbilder überlassen bleiben, ob der Teilnehmer eines ersten, wenn auch intensiven Fahrlehrgangs zur abschließenden Prüfung zugelassen wird.

Vielen Praktikern ist andererseits nicht klar, daß auch fortgeschrittene Fahrkunst allein nicht zum Erwerb des Fahrerabzeichens ausreicht. Der theoretische Prüfungsstoff ist doch sehr umfangreich und will sorgfältig erarbeitet werden. Dies gilt in gleichem Maß für die Anwärter auf das Leistungsabzeichen in Silber.

Was eingangs über die ersten Erfolge im Fahrsport gesagt wurde, trifft mit Sicherheit nicht mehr für den Erwerb der „höheren Weihen" zu. Im Gegenteil: Ein Reiter, der die Anforderungen der Klasse A sicher beherrscht, wird bei intensiver Ausbildung ein Jahr später auch die Anforderungen der Klasse L erfüllen können. Anders beim Fahrer, für den der Sprung vom Zweispänner auf den Bock eines Viererzuges doch eine ganz neue Dimension bedeutet.

Bei Mietgespannen spielen zudem die Kosten eines Viererzuges eine beträchtliche Rolle. Wenn die Pferdestunde mit nur 15 DM in Ansatz gebracht wird, stellt sich für den Fahrschüler das komplette Gespann mit Ausbilder auf sechzig bis achtzig Mark pro Stunde. Da ist die Versuchung groß, mit der Ausbildungszeit zu geizen. In solchen Fällen gibt es nur einen Ausweg: Vor Beginn der Vierspänner-Ausbildung muß eine wirklich überragende Routine im Fahren von Ein- und Zweispännern erworben werden. Dies fällt auch kostenmäßig bei weitem nicht so

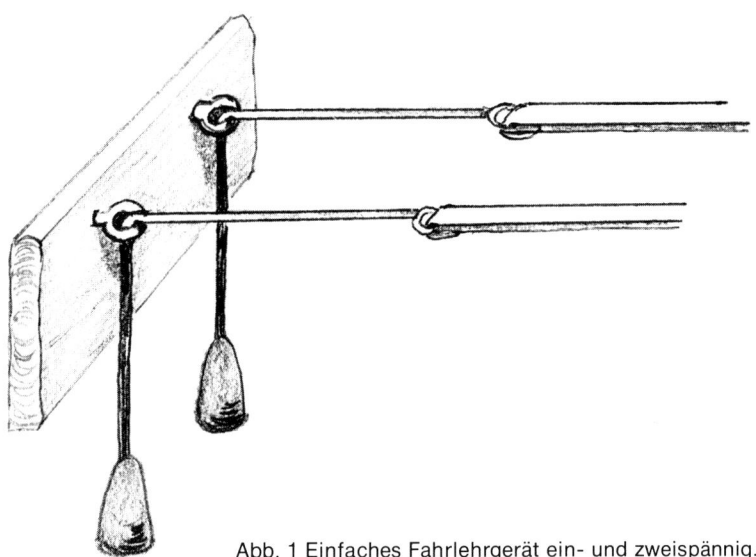

Abb. 1 Einfaches Fahrlehrgerät ein- und zweispännig.

stark ins Gewicht. Unter dieser Voraussetzung kann manche Vierspän-
ner-Übungsstunde durch fleißige Arbeit am Fahrlehrgerät eingespart
werden. Das gilt natürlich sinngemäß auch für die Anwärter auf das
Kleine Abzeichen und das Abzeichen in Bronze.
Die Vorbereitung auf eine Fahrerabzeichenprüfung erfolgt heutzutage
fast ausschließlich in Lehrgangsform. Dies ist auch zweckmäßig im
Hinblick auf den hohen theoretischen Wissensstand, der für ein erfolgreiches Abschneiden notwendig ist. Gerade hierbei soll dieses Buch
den Ausbildern, Teilnehmern und Prüfern eine Hilfe bieten.
Über den praktischen Ablauf der Prüfung kann der Lehrgangsleiter am
besten Auskunft geben. Aufgrund seiner Erfahrung in der Durch-
führung von Lehrgängen wird er aus der Zusammenarbeit mit den
Richtern manch guten Ratschlag erteilen. Die Anzugsvorschriften er-
geben sich aus § 69 LPO. Sie sind jetzt so liberal gefaßt, daß in dieser
Hinsicht kaum Probleme auftreten dürften. Die Antragsvordrucke zum
Erwerb der Fahrerabzeichen sind bei den Landeskommissionen für
Pferdeleistungsprüfungen erhältlich.

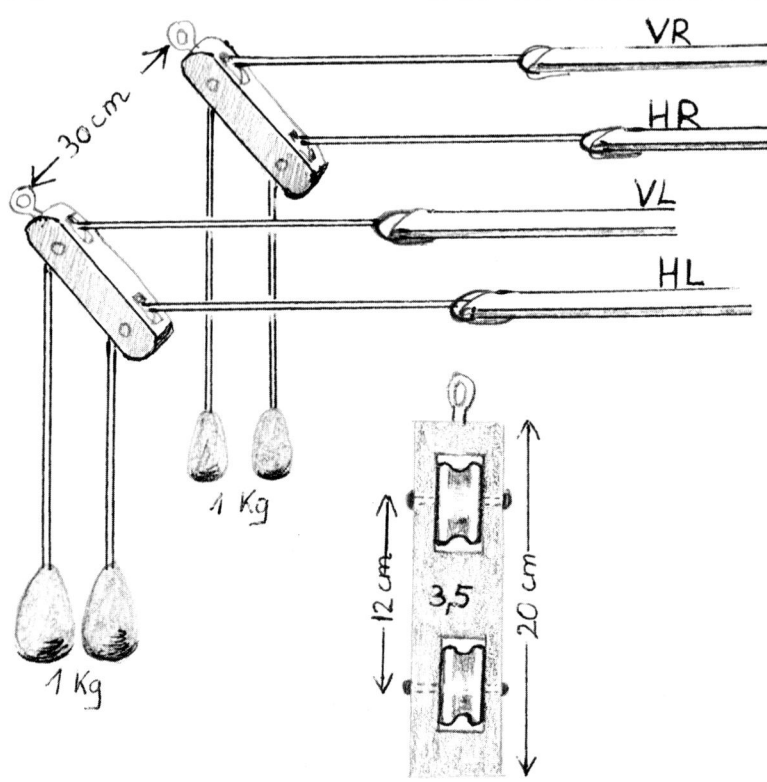

Abb. 2 Fahrlehrgerät vierspännig.

Die praktische Prüfung

Vorbereitung

Der erfolgreiche Ablauf einer Sonderprüfung zum Erwerb der Fahrer-abzeichen ist wesentlich abhängig von einer guten Vorbereitung und Organisation. Dabei kommt es, wie bei der Ausbildung, sehr auf eine gute Zusammenarbeit zwischen den Teilnehmern und der Lehrgangs-leitung an. Die Vorbereitung beginnt mit einem tadellosen Putz- und Pflegezustand von Pferden, Geschirren und Wagen. Selbstverständ-lich mußten die Geschirre nach dem Putzen wieder richtig verpaßt und für jedes Pferd unverwechselbar zurechtgelegt werden. Provisori-sches Flickwerk, das während der Ausbildung vielleicht noch ver-tretbar war, muß für die Prüfung selbst fachgerecht instand gesetzt sein. Beim Wagen kommt es vor allem auf richtige Deichselhöhe, gutes Schmieren und einwandfrei funktionierende Bremsen an.

Werden in der Prüfung mehrere Gespanne gefahren, muß sicherge-stellt sein, daß während der Ausbildung alle Teilnehmer jedes Gespann kennengelernt haben. Entsprechend den Prüfungs-Anforderungen können die Richter jederzeit einen Gespannwechsel während der Prüfung verlangen.

Die Zeiteinteilung wird am besten so gehandhabt, daß die Teilnehmer frühzeitig vor dem Eintreffen der Prüfer anspannen und der Ausbilder das bzw. die Gespanne kurz abfährt. Dann sollte jeder Teilnehmer noch einmal Gelegenheit haben, die Leinen kurze Zeit in die Hand zu nehmen und die wichtigsten Griffe noch einmal in der Praxis durchzu-führen. Das ist eine gute Hilfe gegen zu große Nervosität. Kleine Mängel können noch rechtzeitig festgestellt und behoben werden. Wenn z.B. für die Prüfung neu beschaffte Handschuhe sich störend auswirken, wird man doch besser auf das während der Ausbildung benutzte ältere Paar zurückgreifen.

Eine Selbstverständlichkeit bei den Vorbereitungen zur Prüfung wird allzu oft vernachlässigt: Der Unterrichtsraum muß zur Durchführung der theoretischen Prüfung tadellos gesäubert und aufgeräumt werden, die Fahrlehrgeräte sind griffbereit herzurichten. Sehr wichtig ist auch das Vorgespräch zwischen Ausbilder und Prüfern über den Ablauf.

Aufnehmen und Abmessen der Leinen

In vielen Lebenslagen ist der erste Eindruck entscheidend. Das gilt in besonderem Maße für den Erfolg einer Prüfung. Da dem praktischen Fahren immer das Aufnehmen und Vermessen der Leinen vorausgeht, muß dieser Vorgang wirklich jedem Teilnehmer ganz in Fleisch und Blut übergegangen sein. Und dies nicht nur des guten Eindrucks wegen: Erstens wird der glatte Ablauf der Demonstration dem Teilnehmer mehr Sicherheit für die ganze übrige Prüfung verleihen. Und zweitens ist gutes Anfahren ja doch sehr vom richtigen Vermessen der Leinen abhängig. Wer also diesen Vorgang nicht besonders fleißig geübt hat, hat es sich wirklich selbst zuzuschreiben, wenn ihm der gute Auftakt seiner Prüfung mißlingt.

Dieser gute Auftakt beginnt schon mit der richtigen Aufstellung zum Leinenaufnehmen. Bei kleineren Jugendlichen muß die Armlänge reichlich bemessen werden. Wichtig ist auch das ruhige Sortieren der Leinen auf dem linken Unterarm, damit nachher alles ohne Hast und Verwirrung vor sich geht. Ein häufig vorkommender Fehler läßt sich leicht vermeiden: Während des ganzen Vorgangs darf der Abstand

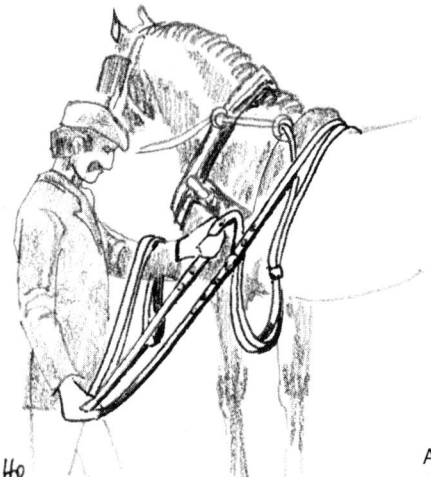

Abb. 3 Aufnehmen und Abmessen der Leinen.

zum Pferd nicht verändert werden. Man bleibt also bis zur Übernahme der Leinen in die linke Hand wie angemauert stehen.

Selbst Fachleute sind geteilter Meinung darüber, ob die rechte Hand die linke Leine zur Schleife unter dem Daumen bereits vor dem Rückwärtstreten zur Wagen-Vorderachse legen soll, oder erst unmittelbar vor dem Aufsteigen. Unbestritten ist, daß auf diese Schleife verzichtet werden kann, wenn ein zuverlässiger Beifahrer die Pferde am Kopf festhält. Ist man aber mit dem Gespann allein, so kann die Schleife eigentlich nicht früh genug gelegt werden. Andernfalls würde, falls die Pferde unerwartet antreten, aufgrund der zuvor verlängerten linken Leine das Gespann vom Fahrer wegeilen, während es bei ordentlich gelegter Schleife auf einem Zirkel um diesen herumgeleitet wird.

Viele Fahrrichter legen Wert darauf, daß der Prüfling das Abmessen der Leinen laut und deutlich erläutert. Deshalb soll man schon während des Übens die Erklärung der Einzelmaßnahmen des ganzen Vorganges (siehe „Die theoretische Prüfung", Seite 117 ff.) stets vor sich hersagen – selbstverständlich in Ich-Form. Zum Üben läßt sich zur Schonung der Pferde auch ein „Übungsgerät" verwenden.

Fahren auf einem Platz

„Fahren und Beherrschung eines Zweispänners im Schritt und Trab mit vorschriftsmäßiger Leinen- und Peitschenführung geradeaus, in Wendungen auf einem Platz und im Verkehr gem. Richtlinien Band V." Dies ist der Kern der Teilprüfung Praktisches Fahren in allen vier Sonderprüfungen zum Erwerb eines Fahrerabzeichens. Die Anforderungen sind – der Klasse entsprechend – mehr oder weniger anspruchsvoll. Für das DFA Klasse II (Silber) wird zusätzlich das Fahren eines Vierspänners und darüber hinaus eine Zweispänner-Dressurprüfung Klasse L gemäß Aufgabenheft zur LPO und Richtlinien, Band V verlangt.

Beurteilt werden dabei ausschließlich die Leistungen des Fahrers entsprechend § 260 LPO, wobei die Pferde selbstverständlich den Prüfungsanforderungen gewachsen sein müssen.

Das Fahren auf dem Platz soll den Prüfern vor allem Gelegenheit geben, Grifftechnik, Leinen- und Peitschenführung der Teilnehmer unabhängig von Einflüssen des Straßenverkehrs zu beurteilen. Deshalb wird beim Kleinen Fahrerabzeichen noch nicht das Fahren einer

Aufgabe verlangt, sondern es wird nach Weisung der Richter gefahren. Bewährt hat es sich jedoch in vielen Sonderprüfungen, daß der Ausbilder im Einvernehmen mit den Prüfern ein Kurzprogramm zusammenstellt, in dem alle Leinengriffe des Achenbach-Systems gezeigt werden können, dazu Anfahren, Tempoübergänge, Rückwärtsrichten und Halten. Die Abbildung 4 veranschaulicht ein solches Kurzprogramm, in dem nichts Wesentliches fehlt und das in einer relativ kurzen Zeit – je nach Platzgröße – abgewickelt werden kann. Ist der Platz nicht viel größer als 40 × 100 Meter, sollte auf die Fahrtrichtungszeichen verzichtet werden. Sie sind ja außerhalb des Straßenverkehrs nicht erforderlich und werden beim Fahren auf der Straße ohnehin zu zeigen sein. Für beide „großen" Abzeichen kann diese Aufgabe zwei- bzw. vierspännig gefahren werden. Für das DFA Klasse III in Bronze eignet sie sich auch für die vorgeschriebene „Prüfung in Anlehnung an eine Dressurprüfung Klasse A", denn sie wurde u. a. zu diesem Zweck als FA 1 in das Aufgabenheft aufgenommen. In diesem Zusammenhang sind die Hinweise zum Fahren einer Dressuraufgabe auf den Seiten 29 und 33/34 sorgfältig zu beachten!

Wir können also davon ausgehen, daß die Prüfer mit dem hier dargestellten Programm einverstanden sind. Einer von ihnen wird nach dem Leinenabmessen und Aufsitzen des Fahrers neben diesem auf dem Bock Platz nehmen, der andere beurteilt die Vorführung vom Rand des Platzes aus. Zum Anfahren im Trab werden die Pferde durch halbe Paraden aufmerksam gemacht. Nach Lösen der Bremse und deutlichem Nachgeben sollen sie schwungvoll zum Trab antreten. Wo dies nicht gewährleistet ist, lieber mit Zuruf „Komm" und/oder Peitschenhilfe antraben. Auf den langen Geraden sollte der Fahrer Gebrauchshaltung einnehmen und – wenn das Leinenabmessen korrekt vorgenommen wurde – nicht allzuviel an den Leinen korrigieren müs-

Abb. 4 Kurzprogramm für eine Fahrerprüfung zum Erwerb der Deutschen Fahrerabzeichen. Dabei sollten folgende Griffe gezeigt werden:

1 Gebrauchshaltung (s. S. 123, links Mitte)
2 Rechtswendung (s. S. 124, rechts oben)
3 Rechtskehrtwendung (s. S. 124, links unten u. rechts oben)
4 Halbrechtswendung mit einer Hand (s.s. 122, rechts unten)

5 Halblinkswendung mit einer Hand (s. S. 122, rechts Mitte)
6 Linkswendung (s. S. 124, links Mitte)
7 Linkskehrtwendung (analog zu s. 124, links Mitte)
Erste kurze Seite: Dressurhaltung (s. S. 124, links oben)

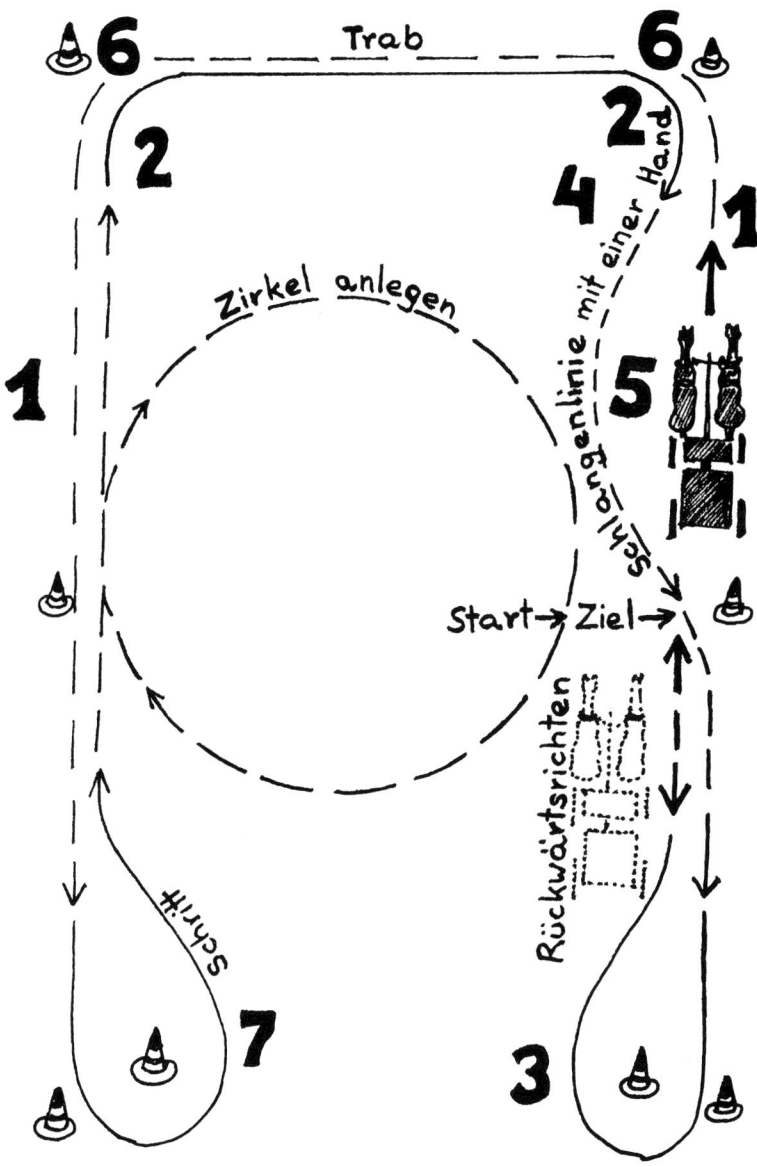

sen. Ständiges „Fummeln" mit den Händen wirkt nicht nur in den Augen des Prüfers, sondern auch auf das Verhalten der Pferde nachteilig. Ein geringfügiges Abkommen des Gespanns von der Geraden korrigiert sich meist nach wenigen Sekunden von allein. Für einen guten Verlauf der Vorstellung ist es entscheidend, daß von Hand und Stimme des Fahrers Ruhe ausgeht. Sie ist gleichbedeutend mit Sicherheit und überträgt sich zum Vorteil des ganzen Ablaufs auf die Pferde.

Da die Sonderprüfungen für die Fahrerabzeichen in Bronze zur Kategorie B erst hinführen sollen, müßte entsprechend den Anforderungen der Kategorie C beim Fahren auf dem Platz kein starker Trab gezeigt werden. Selbstverständlich muß aber der zügige Gebrauchstrab vor den beiden Linkswendungen deutlich verkürzt werden. Zwischen den beiden Linkswendungen – also auf der kurzen Seite – bietet es sich an, in Dressurhaltung zu fahren.

In jedem Leistungswettbewerb des Reit- und Fahrsports ist es wichtig, sich frühzeitig auf die nächste Lektion innerlich einzustellen, damit man seine Pferde nicht mit den Hilfen überfällt. So geht man nach der zweiten Linkswendung sofort in die Gebrauchshaltung über, um auf die geschmeidige Parade zum Schritt vorbereitet zu sein. Auf dieser langen Seite hat man Gelegenheit, eine der schwierigsten Seiten der Fahrkunst zu demonstrieren: ordentliches Geradeausfahren. Vor Erreichen der Wendemarke läßt man die Pferde in einem freien, raumgreifenden Schritt gehen. Erst kurz vor Einleitung der Linkskehrtwendung Verlangsamen bis fast zum Halt und großzügiges Nachgeben mit der rechten Leine. Jetzt ist es besonders wichtig, daß während dieser kritischen, engen Wendung keine Leine durchhängt, sondern ständig Verbindung zu den Pferdemäulern aufrechterhalten wird. Wegeilen oder gar Anzackeln in einer Kehrtwendung ist ein grober Fehler und kann die ganze Prüfung verderben.

Nach der Kehrtwendung wird gleich wieder angetrabt. Die Bewerber um das „große" Fahrerabzeichen (DFA Klasse III und II) legen etwa Mitte der langen Seite auf der rechten Hand einen gleichmäßig runden Zirkel von etwa 40 Metern Durchmesser an. Für die Anwärter auf das „Kleine" gilt es hier nur, schön geradeaus zu fahren. Am Ende der langen Seite wird nun rechtzeitig vor der Rechtswendung geschmeidig zum Schritt durchpariert. Jetzt das Verkürzen der Leine nicht vergessen und beim Einschrauben der rechten Hand den sicherlich wohlwollenden Richter nicht mit der Peitsche behelligen.

Aus der zweiten Rechtswendung heraus sofort Übergang zum Trabe und Einleitung der Schlangenlinie, indem man die Wendung etwas schärfer als rechtwinklig ausführt. Dann geht die rechte Hand mit der Peitsche sofort aus den Leinen und wird mit ausgestrecktem Arm rechts zur Seite gehalten. Nun rechtzeitiges und energisches Einschrauben der linken Hand mit deutlicher Bewegung zur rechten Hüfte. Sofort beim Erreichen des Hufschlages kann die rechte Hand wieder zum sauberen Geradeausfahren mitwirken; anschließend aus der Gebrauchshaltung Parade zum Schritt und frühzeitige Vorbereitung auf die Rechtskehrtwendung.

Vor dem Halten ist darauf zu achten, daß das Gespann tadellos geradegerichtet wird. Auch wenn die Bodenbeschaffenheit einen Bremsengebrauch nicht unbedingt erfordert, sollte er zumindest angedeutet werden. Wenn die Platzverhältnisse es erlauben, sollte es hier leicht bergan gehen. Das erleichtert nicht nur das Anhalten, sondern vor allem das anschließende Rückwärtsrichten. Dazu werden die Leinen besonders reichlich verkürzt. Ausführung erforderlichenfalls mit langgezogenem „Zuuurück". Es kommt nicht so sehr auf eine volle Wagenlänge an, als vielmehr auf williges Zurücktreten in diagonaler Trittfolge.

Anziehen der Bremse nicht vergessen! Beim Absteigen des Richters sollte der nächste Teilnehmer bereits an den Pferdeköpfen stehen. Der Fahrer muß daran denken, daß auch das Absitzen und Abhängen der Leinen unter der Oberblattstrupfe noch Bestandteil der Prüfung sind. Er löst dann seinen Nachfolger an den Pferdeköpfen ab, und dieser stellt sich laut und deutlich vor, sobald die Richter das Ergebnis der Vorführung in ihre Liste eingetragen haben.

Das Fahren eines Viererzuges auf dem Platz geht im Prinzip genauso vor sich, wie eben beschrieben. Auf folgende Punkte muß der Fahrer dabei besonders achten:

1. Verkürzen der Vorderleinen vor allen Wendungen ist auf ebenem Platz überflüssig, wenn die Vorderpferde nur so weit im Zug sind, daß sie die Vorwaage gerade noch tragen. Lediglich bei ansteigendem Gelände bringt man die Vorderpferde deutlich in den Zug.

2. Für alle Wendungen, insbesondere Kehrtwendungen, genügend große Schleifen legen. Sollten sie einmal zu groß geraten, läßt man schnell einige Zentimeter der Leine wieder heraus. In den Wendun-

Abb. 5 a) Aufwerfen der Viererzugpeitsche: Von A nach B S-förmige Bewegung – erst abwärts, dann aufwärts-, dann unter Drehen des Handgelenks ab B beschleunigen und bei C abrupt stehenbleiben, bis sich der Schlag um den Stock gewickelt hat.

Abb. 5 b) Korrekt aufgeworfene Peitsche (oben); Kringel (Mitte) – durch „Pinseln" hervorgerufen; „Halbmast" aufgeworfene Peitsche (unten).

gen kommt es besonders auf gute Verbindung zu den Pferdemäulern an, damit die Pferde nicht wegeilen. Deutlicher „Widerstand" verhütet das Werfen der Stangenpferde in die Wendung.
3. Sofort nach dem Anfahren muß der Fahrer als erstes kontrollieren,
   ob Vorder- und Stangenpferde auch auf Vordermann gehen. Wenn
   nicht, hat das Einrichten schnell zu erfolgen, damit es vor Erreichen
   der ersten Ecke zum Tragen kommt.
Der Gebrauch der Viererzugpeitsche kann in diesem Kurzprogramm
kaum ohne Beeinträchtigung der Vorführung gezeigt werden. Üb-
licherweise lassen sich die Prüfer das Abwickeln und das Aufwerfen
der Peitsche nur im Halten vorführen. Man sollte aber die Viererzugpeitsche auch während der Fahrt einsetzen können.

Fahren im Straßenverkehr

Die meisten Prüfungsteilnehmer fürchten nichts mehr, als diese Anfor-
derung. Dabei ist keineswegs daran gedacht, den Vierspänner-Neuling
mitten im Stoßverkehr durch die City einer Großstadt zu schicken. Hier
soll lediglich geprüft werden, ob der Fahrer sich in normalen Verkehrs-
verhältnissen zurechtfindet und sich mit anderen Verkehrsteilnehmern
– seien es Kraftfahrer, Fußgänger oder Radfahrer – durch die Verkehrszeichen richtig verständigen kann.
Die Fahrrichter kennen meist nicht die Umgebung der Ausbildungs-
stätte und werden die Auswahl der geeigneten Straßen dem Ausbilder
überlassen. Dieser aber hat alle Teilnehmer lange vor dem Prüfungs-
termin die entsprechenden Straßen immer wieder durchfahren lassen.
Dabei wurde regelmäßig an geeigneten Stellen ein Fahrerwechsel vorgenommen.
Genauso sollte es am Prüfungstag gehandhabt werden. Wenn schon
beim Üben von geparkten oder fahrenden Kraftfahrzeugen ein respekt-
voller Abstand eingehalten wurde, gilt dies um so mehr in der „Stunde
der Wahrheit". Einhalten der rechten Fahrbahnseite heißt auch keineswegs, näher als einen halben bis einen Meter an die Bordsteinkante
heranfahren. Ein Meter Mindestabstand von geparkten Fahrzeugen
oder Bordsteinkanten ist insbesondere in den Rechtswendungen

Abb. 6 Die Fahrtrichtungszeichen. Oben: Links- und Rechtswendung; unten: Geradeaus und Halten. Statt Hand- und meist unbekanntem Peitschenzeichen bietet sich eine Winkerkelle an.

einzuhalten. Dann kommt es nicht zu häßlichem Anecken oder gar Blechschäden.

Natürlich werden im Straßenverkehr die Linkswendungen vorschriftsmäßig in großem Bogen gefahren. Bei Kehrtwendungen kommt es vor allem auf geschicktes Ausnutzen des verfügbaren Platzes und äußerst vorsichtiges Tempo an. Doppelt wichtig ist im Verkehr das Fahren mit Kopf und mit offenen Augen. Dabei gilt es, Gefahrenmomente frühzeitig zu erkennen und schnell, aber gefühlvoll darauf zu reagieren.

Genau wie für den Fahrschüler im Kraftfahrzeug heißt die Devise: lieber zu vorsichtig als zu forsch!

Insbesondere darf vor allen Wendungen und Paraden das frühzeitige Umsehen und das Geben der Fahrtrichtungszeichen nicht vergessen werden. Zwar ist es zweckmäßig, das Fahrtrichtungszeichen recht früh zu geben; man muß sich aber auch vergewissern, ob alle Verkehrsteilnehmer das Zeichen gesehen und verstanden haben. Andernfalls wird es lieber wiederholt. Die Fahrtrichtungsanzeige mit der Peitsche ist im Straßenverkehr mißverständlich und sollte mit einer Winkerkelle erfolgen. Dazu werden zuvor die Leinen in die rechte Hand genommen, die Kelle schnell weggestreckt und die Leinen in die Dressurhaltung übernommen.

Fahren einer Dressuraufgabe

Für das „große Silberne" wird eine Dressuraufgabe Klasse I aus dem gültigen Aufgabenheft der FN verlangt. Schon aus Zeitgründen und um die Gespanne, die ja meistens für mehrere Prüfungsteilnehmer herhalten müssen, nicht zu überlasten, wählen wir die kürzeste L-Aufgabe, die FL 1. Die Viereckgröße sollte bei Ponygespannen nicht unter 30 × 60 Metern liegen, für Großpferde ist 40 × 80 Meter vorgesehen. Die Aufgabe läßt sich mit Zustimmung der Richter aber auch gut auf einem etwas kleineren Platz fahren. Eine ordentliche Viereckbegrenzung und die Auszeichnung mit mindestens den Buchstaben A, B, C, E, F, H, K, M ist unbedingt erforderlich. Bei C ist für die Richter ein Tisch mit zwei bis drei Stühlen bereitzustellen. Sollte der Platz eine geringfügige Neigung aufweisen, legt man das Viereck so an, daß das Rückwärtsrichten bei C durch das Gefälle erleichtert wird.

Selbstverständlich haben sich die Teilnehmer während der Vorbereitung mit den „Anforderungen an das Fahren in Dressurprüfungen" vertraut gemacht, die im Aufgabenheft der FN abgedruckt sind. Freilich sind an das Pferdematerial hinsichtlich Gang, Selbsthaltung und Schwung nicht unbedingt die turniermäßigen Maßstäbe anzulegen. Beurteilt wird, wie in den Dressurprüfungen für das Reiterabzeichen und bei den Reiter- und Fahrerwettbewerben der Kategorie C, ausschließlich das Können der Teilnehmer. Das bedeutet für uns:

korrekte Sitzposition des Fahrers, tadellose Peitschenführung und exakte Grifftechnik nach dem Achenbach-System sowie gute, verständliche Einwirkung auf die Pferde im richtigen Moment. Auch wenn sich das Pferdematerial für eine dressurmäßige Vorstellung weniger gut eignen sollte, z.b. hinsichtlich der Trabverstärkungen, darf zumindest an den sauber gefahrenen Hufschlagfiguren nichts auszusetzen sein. Wer sich um ein silbernes Fahrerabzeichen bemüht, sollte ja schließlich kein Anfänger mehr sein.

Abb. 7 a) Hufschlagfiguren der Dressurprüfungen für Wagenpferde. Linkes Viereck:

AKEBFA	= Halbe Bahn	Rechtes Viereck (Zweispänner 40 x
FE	= Wechsel durch die halbe	50 m, Vierspänner 40 x 100 m):
	Bahn	oben links: Schritt-Kehrtwendung
FH	= Wechsel durch die ganze	Zweispänner (Vierspänner 13 m)
	Bahn	oben rechts: Volte Zwei- und Vier-
AC	= Wechsel durch die Länge	spänner
	der Bahn	unten: Acht Zwei- und Vierspänner

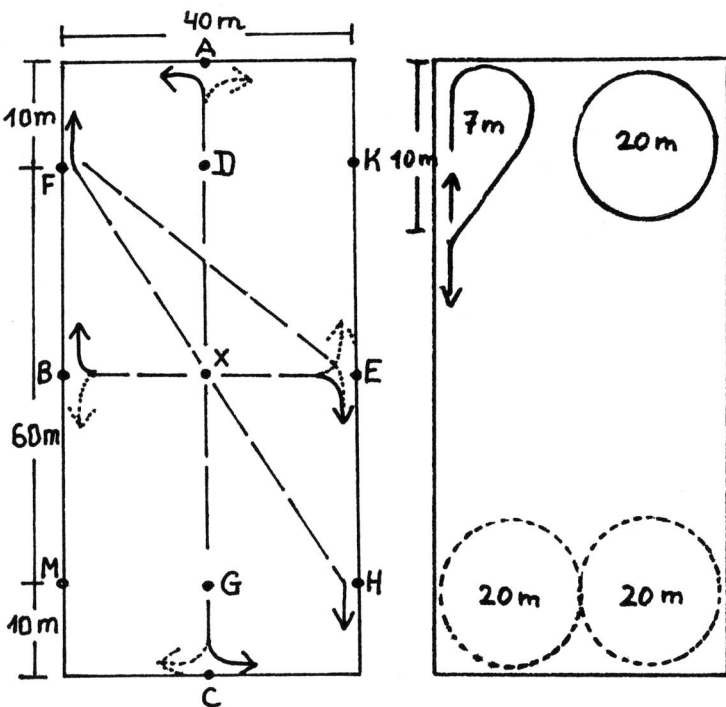

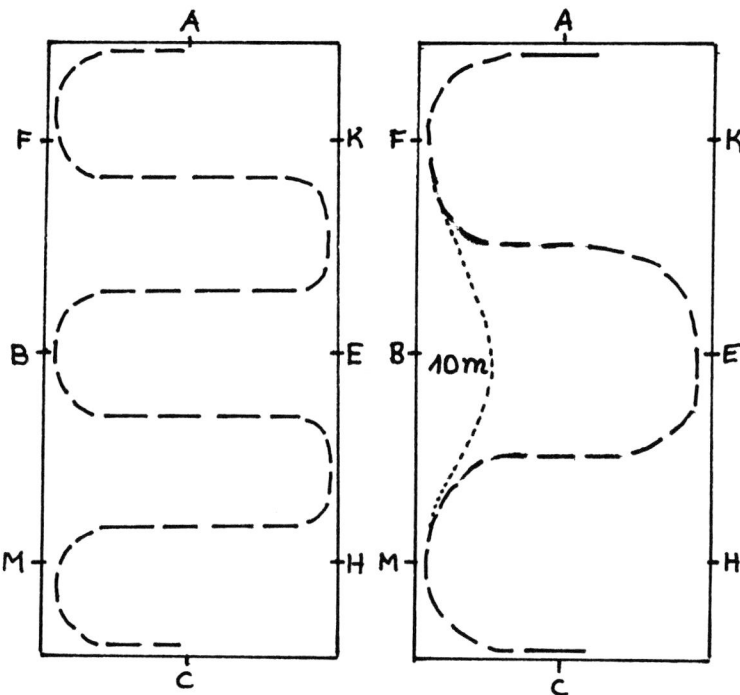

Abb. 7 b) Hufschlagfiguren der Dressurprüfung für Wagenpferde.
Linkes Viereck: Schlangenlinien durch die ganze Bahn – 5 Bogen.
Rechtes Viereck: Schlangenlinien durch die ganze Bahn – 3 Bogen; einfache
Schlangenlinie an der langen Seite.

Die Dressuraufgabe

Klasse L, Aufgabe FL 1

Viereck 40 × 80 m. Für Vierspänner 40 × 100 m

Lektionen		zu beurteilende Punkte
1. A-X X	Einfahren im Gebrauchstrab Halten. Grüßen	Fahren auf gerader Linie Gerades Stehen am Gebiß
2. X-C-M-F F-K	Gebrauchstrab Versammelter Trab	Takt, Schwung Übergang, Takt, Schwung
3. K-X-M M-C-H	Starker Trab Versammelter Trab	Raumgriff, Takt, Schwung Übergang, Takt, Schwung
4. H-X-F F	Starker Trab Versammelter Trab	Raumgriff, Takt, Schwung Übergang, Takt, Schwung
5. A C	Auf die Mittellinie abwenden Linke Hand	Takt, Schwung, Fahren auf gerader Linie
6. H-X-F-A	Schritt am Gebiß	Übergang, Takt, Fleiß
7. A E-B-E	Gebrauchstrab Mittelzirkel, 40 M	Takt, Schwung Genauigkeit der Figur, Stellung
8. C-M-X-K-A	Schritt am Gebiß	Takt, Fleiß
9. A B-E-B	Gebrauchstrab Mittelzirkel, 40 m	Takt, Schwung Genauigkeit der Figur, Stellung
10. C	Halten. 10 Sek. stehen 3 m rückwärts richten. Im versammelten Tempo anfahren	Übergang, gerades Stehen am Gebiß Durchlässigkeit
11. H-K K A G	Versammelter Trab Gebrauchstrab Auf die Mittellinie abwenden Halten. Grüßen Im Gebrauchstrab die Bahn verlassen	Takt, Schwung Übergang, Takt, Schwung Fahren auf gerader Linie Übergang, gerades Stehen am Gebiß

Gesamtnoten

12. Gang – Reinheit der Gänge, Ungebundenheit, Takt, Beibehaltung der Gangart durch alle Pferde

13. Schwung – Gehlust, Elastizität der Bewegungen, Rückentätigkeit, Engagement der Hinterhand

14. Gehorsam und Losgelassenheit – Willige Aufnahme der Hilfen, Stellung und Biegung, Durchlässigkeit, Maultätigkeit, Anlehnung und natürliche Aufrichtung

15. Fahrer – Handhabung der Leinen und der Peitsche, Haltung auf dem Bock, Genauigkeit der Hufschlagfiguren

Besprechung der Dressuraufgabe

Wir gehen davon aus, daß während der Ausbildung die Dressuraufgabe mehrfach geübt worden ist. Für ein erfolgreiches Abschneiden kommt es dann auf drei Dinge an: Der Kommandogeber auf dem Beifahrersitz muß voll bei der Sache sein, damit er die Lektionen frühzeitig ansagt, ohne bei der Durchführung den Fahrer im unrechten Moment abzulenken; dieser muß sich nach Abschluß jeder Lektion sofort auf die nächste vorbereiten, damit die Hilfengebung nicht im letzten Moment und ruckartig erfolgt, sondern geschmeidig und wohl dosiert; die Gesichtspunkte, die in der Aufgabe unter „zu beurteilende Punkte" aufgeführt sind, müssen bei jeder einzelnen Lektion genau beachtet werden.

Das beginnt mit dem geraden Einfahren auf der Mittellinie, dem exakten Halten mit den Pferdeköpfen bei Punkt X und dem ruhigen Stehen der Pferde beim Gruß. Schwungvolles Antreten zum Gebrauchstrab ist ebenso wichtig, wie ein wohldosiertes Trabtempo. Es darf nicht zu lasch sein, damit die Verkürzung zum versammelten Trab noch deutlich wird, aber auch nicht zu frei in Konkurrenz zum späteren starken Trab.

Aus dem zweiten starken Trab wieder deutlicher Übergang zum versammelten Trab! Zum Schritt nicht auslaufend durchparieren, sondern mit wohldosiertem Bremsengebrauch so, daß die neue Gangart erreicht ist, wenn die Pferdeköpfe bei Punkt H ankommen. Damit und mit freiem Raumgriff lassen sich Pluspunkte holen. Umgekehrt können müder Schritt oder wiederholtes Anzackeln die kurzen Schritt-Touren total verderben.

Im gesamten Verlauf der Prüfung kommt es immer wieder auf gute, deutliche Übergänge zwischen Schritt und Trab bzw. versammeltem Trab und starkem Trab an. Beim Halten und Rückwärtsrichten geht man genauso vor, wie beim Fahren auf dem Platz beschrieben. Nur sollten jetzt die geforderten drei Meter möglichst auch erreicht werden – dazu muß beim Halten sehr genau auf gerade Deichsel geachtet werden. Aus dem Rückwärtsrichten ist dann ohne Pause sofort wieder anzutraben. Bei besonders ungünstigen Bodenverhältnissen können die Prüfer ausnahmsweise auf das Rückwärtsrichten verzichten.

War schon immer das genaue und bewußte Einhalten der Hufschlagfiguren ein sicherer Weg zu guter Benotung in Dressurprüfungen, so muß dies umso mehr in einer Sonderprüfung für den Fahrer gelten. Sollte es mit der Stellung und Biegung der Pferde vielleicht etwas hapern – für schlecht ausgefahrene Ecken gibt es eigentlich keine Entschuldigung. Der abschließende Gruß soll genau wie zu Beginn bei tadellos stehenden Pferden erfolgen, auch hier wie während der ganzen Prüfung keine Übereilung, sondern Ruhe und Gelassenheit. Auch das richtige Grüßen soll vorher geübt werden, damit es nicht zu lässig, aber auch nicht affektiert wirkt. Schließlich ist auch das Verlassen der Bahn im Gebrauchstrab noch Bestandteil der Prüfung. Deshalb dürfen auch hier Fahrstil und Sitz des Fahrers nicht vernachlässigt werden.

Arbeit mit der Doppellonge

Für das deutsche Fahrerabzeichen Klasse II (Silber) gehört zur theoretischen Prüfung auch die Beherrschung der Arbeit mit der Doppellonge. Obgleich in den Besonderen Bestimmungen B1 die Doppellongenarbeit als Theoriefach ausgewiesen ist (siehe im Abschnitt „Die theoretische Prüfung" das Kapitel über Ausbildung von Wagenpferden, Seite 66 ff.), erwarten die Prüfer meist eine praktische Demonstration. Deshalb sollte man sich darauf während der Ausbildung vorbereiten.

Auf gar keinen Fall sollte man in der Prüfungssituation mit einem schwierigen Korrekturpferd antreten. Das in der Doppellonge gehorsamste Pferd ist genau richtig. Auch hier gilt wie bei allen praktischen Prüfungsfächern, daß die Anforderungen während der Ausbildung häufig geübt werden, und daß sich die Prüfung unter möglichst gleichartigen Umständen vollzieht.

Da schwierige Traversalverschiebungen an der Doppellonge einen entsprechenden Ausbildungsstand des Pferdes voraussetzen, sollte sich die Prüfung auf Zirkel und Geradeausgehen beschränken.

Bei der Arbeit auf dem Zirkel muß der häufige Fehler vermieden werden, ein hereindrängendes Pferd durch Ziehen am äußeren Zügel korrigieren zu wollen. Stattdessen muß die innere Hand gut nachgeben und dem Pferd durch wellenförmige Bewegungen mit der inneren Longe ermöglichen, seinen Weg auf dem Zirkel einzuhalten.

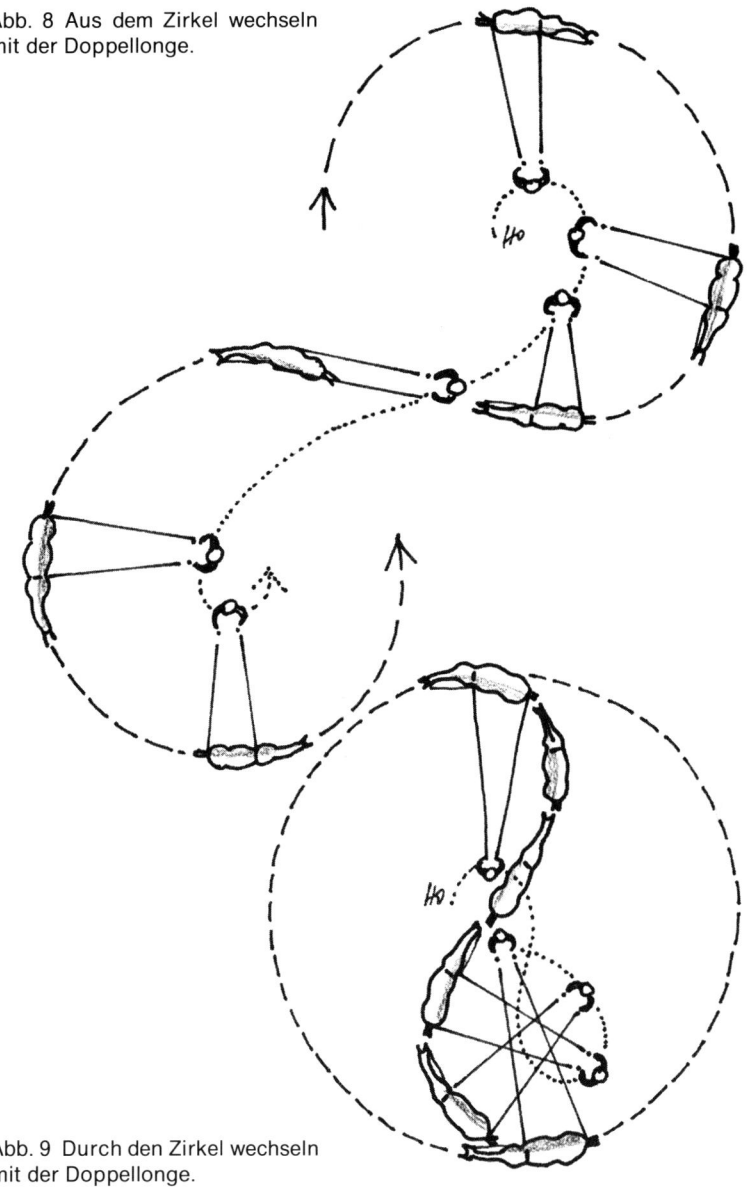

Abb. 8 Aus dem Zirkel wechseln mit der Doppellonge.

Abb. 9 Durch den Zirkel wechseln mit der Doppellonge.

Wenn Doppellongenarbeit schon demonstriert wird, gehört dazu sauberes Geradeausgehen ebenso, wie das Wechseln durch den Zirkel und aus dem Zirkel. Diese Dinge müssen fleißig geübt werden. Man sollte aber nicht den Ehrgeiz haben, sie im Trabe zu zeigen.

Ergänzend zur Unterweisung durch den Ausbilder empfiehlt es sich, daß der Prüfling zuvor in Max Pape, „Die Kunst des Fahrens" auf den Seiten 38 bis 48 den Abschnitt „Die Doppellonge und das Einfahren der Pferde" gründlich durcharbeitet.

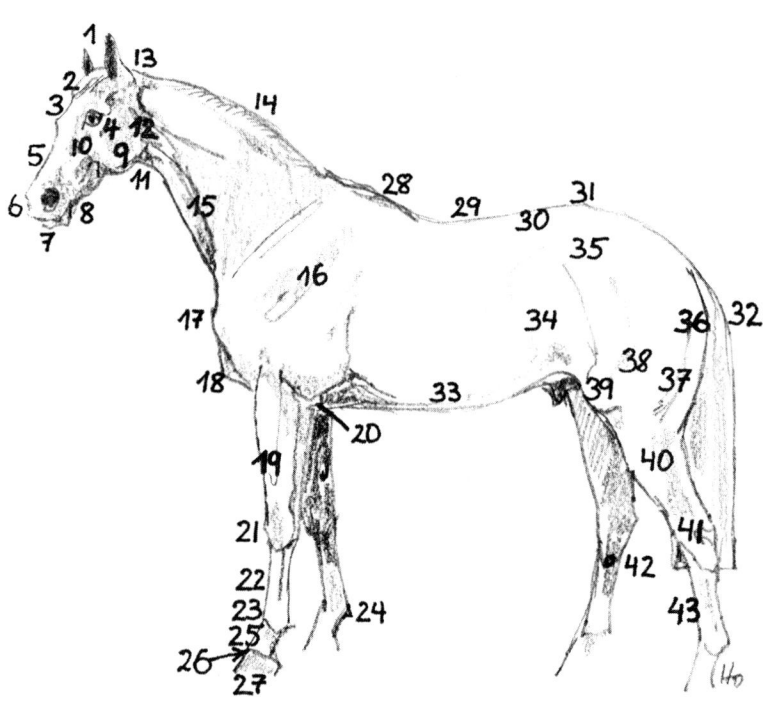

Die theoretische Prüfung

Im Rahmen der theoretischen Prüfung sollen die Teilnehmer am Fahrlehrgerät zeigen, daß sie die Grifftechnik der Leinenführung beherrschen. Das ergibt sich aus dem Merkblatt der FN für die Fahrrichter, die Sonderprüfungen zum DFA/DJFA durchführen. Darin wird empfohlen, alle Prüfungen für das Fahrerabzeichen am Fahrlehrgerät zu beginnen, weil hier die Grundbegriffe des Achenbach-Fahrsystems unter Ausschaltung äußerer Einflüsse feststellbar sind.

Wenn es dann an das Beantworten der theoretischen Fragen geht, sollen Gruppen von nicht mehr als vier Teilnehmern gebildet werden. Entweder werden diese Fragen von den Prüfern selbst gestellt, oder sie lassen den Ausbilder fragen und stellen dann Zusatzfragen aus anderen Bereichen. Ist ein Bewerber in den theoretischen Fächern sehr sicher, können der Ausbilder oder die Prüfer ihm durch einige Extrafragen die Chance geben, eine besonders gute Wertnote zu erzielen.

Die im Folgenden grau unterlegten Fragen und Antworten betreffen nur die Prüfung zum Fahrerabzeichen Klasse II, Silber.

Die Beschaffenheit des Pferdes

Die äußeren Körperteile

Abb. 10 Die äußeren Körperteile des Pferdes

1 Ohren	17 Bugspitze	29 Rücken
2 Schopf	18 Brust	30 Lende
3 Stirn	19 Unterarm	31 Kruppe
4 Auge	20 Ellbogen-	32 Schweifrübe
5 Nasenrücken	höcker	33 Bauch
6 Nüster	21 Vorderfußwur-	34 Flanke
7 Maul	zelgelenk	35 Hüfte
8 Kinngrube	22 Vordermittel-	36 Sitzbeinhöcker
9 Backe	fuß (Vorder-	37 Hinterbacke
10 Jochleiste	röhre)	38 Oberschenkel
11 Kehle	23 Fesselkopf	39 Knie
12 Ganasche	24 Kötenzopf	40 Unterschenkel
13 Genick	25 Fessel	41 Sprunggelenk
14 Mähnenkamm	26 Hufkrone	42 Kastanie
15 Drosselrinne	27 Huf	43 Hintermittelfuß
16 Schulter	28 Widerrist	(Hinterröhre)

Das Knochengerüst

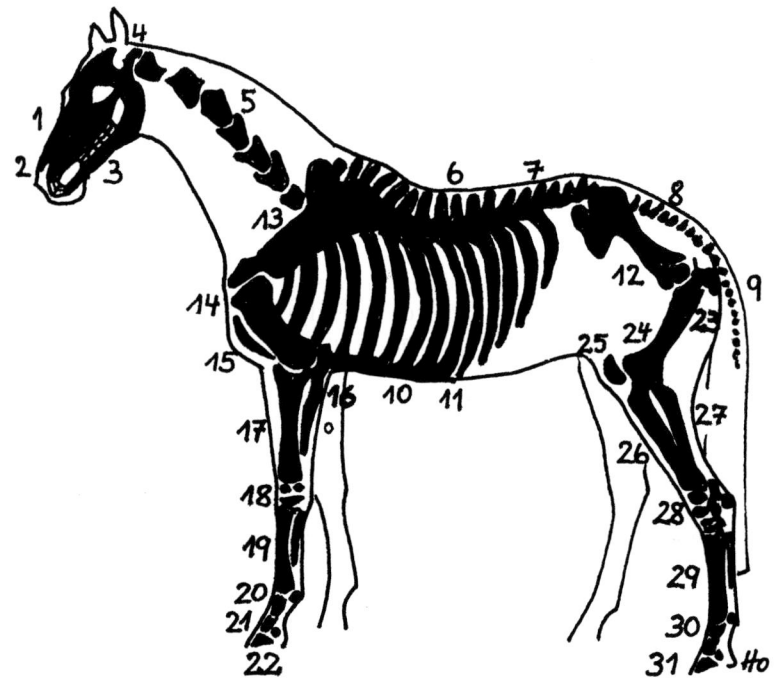

Abb. 11 Das Knochengerüst des Pferdes

1 Schädel
2 Nasenbein
3 Unterkiefer
4 Genick
5 sieben Halswirbel
6 18 Rückenwirbel
7 sechs Lendenwirbel
8 fünf Kreuzwirbel
9 18 – 21 Schweifwirbel
10 acht echte Rippen
11 zehn falsche Rippen
12 Beckenbein

13 Schulterblatt
14 Schulter- oder Bugge-
lenk
15 Oberarmbein
16 Ellenbogengelenk
17 Vor- oder Unterarmbein
und Speiche
18 Vorderfußwurzelgelenk
19 Vordermittelfuß-
knochen
20 Vorderfesselgelenk
21 Zehenknochen

22 Huf
23 Hüftgelenk
24 Oberschenkelbein
25 Kniegelenk
26 Unterschenkelbein
27 Wadenbein
28 Sprunggelenk
29 Hintermittelfußknochen
30 Hinterfesselgelenk
31 Zehenknochen
(Hufbein)

Farben und Abzeichen

1. Farben

[?] Wie heißen die Bezeichnungen der Pferde nach ihren Haarfarben?
[!] Rappen, Schimmel, Füchse, Braune, Falben, Isabellen und Schecken.

[?] Wie unterscheidet sich ein Fuchs von einem Braunen?
[!] Beim Braunen ist das Langhaar – bei braunem Deckhaar – immer schwarz, beim Fuchs hat das Langhaar die gleiche oder eine hellere Farbe wie das Deckhaar.

Wie sieht der Falbe im Vergleich zum Isabellen aus?
Das beige Deckhaar geht oft ins Graue, Langhaar und untere Beine sind dunkler bzw. schwarz. Falben haben oft einen Aalstrich. Isabellen sind eher cremefarben und haben gleichfarbiges oder helleres Langhaar.

[?] Was ist ein Rappe?
[!] Das ist ein Pferd mit schwarzem Deckhaar und schwarzem Langhaar.

[?] Wie nennt man einen Rappen, dessen Fell im Winter bräunlich wird?
[!] Das ist ein Sommerrappe.

[?] Wie bezeichnet man Pferde, die in ihrem Fell einzeln stehende weiße Haare haben, zumeist am Kopf und an den Beinen?
[!] Man nennt diese Pferde stichelhaarig.

[?] Wie heißt ein Pferd mit weißem Deckhaar und weißem Langhaar?
[!] Das ist ein Schimmel.

[?] Welche Unterscheidungen gibt es bei Schimmeln mit anderen Farbzusätzen im Fell?
[!] Man spricht je nach Form und Farbe der dunkleren Stellen im Fell von Apfel- und Fliegenschimmeln, Grau- oder Braunschimmeln sowie Rot- und Schwarzschimmeln.

? Es gibt Pferde mit unregelmäßigen, mehr oder weniger großen
Flecken im Fell, die alle möglichen Farben haben können. Wie nennt
man solche Pferde?
! Das sind Schecken.

2. Abzeichen (Bilder 12 und 13)

Abb. 12 Abzeichen am Kopf

a) Flocke und Milchmaul   d) Keilstern
b) Stern und Schnippe   e) Laterne
c) breite, durchgehende Blesse

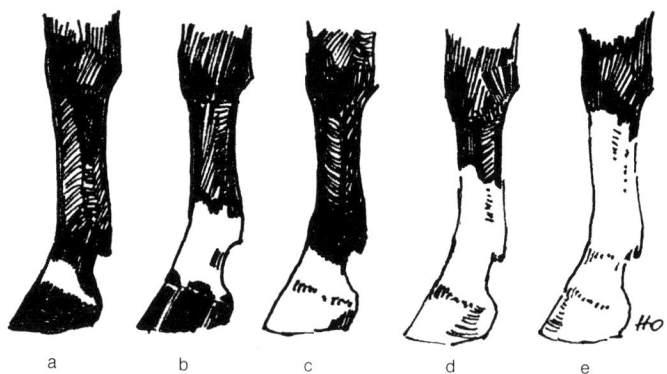

a   b   c   d   e

Abb. 13 Abzeichen an den Beinen
a) weiße Krone
b) weiße Fessel mit
   geflecktem Kronrand
c) halbweiße Fessel
d) halbweißer Fuß
e) hochweißer Fuß

Pferderassen und Brände

[?] Wie werden die Pferderassen grob unterteilt?
[!] In Kaltblüter, Warmblüter, Vollblüter, Traber und Ponys.

[?] Welches sind die wichtigsten Warmblüter in der Bundesrepublik?
[!] Trakehner, Hannoveraner, Holsteiner, Westfalen, Oldenburger, Rheinländer, Bayern, Württemberger und Hessen. – Die Warmblüter werden heute vielfach mit Vollblütern gekreuzt und ausschließlich auf die Verwendung als Reitpferde hin gezüchtet. Diese Pferde gelten als „Deutsche Reitpferde" aus unterschiedlichen Zuchtgebieten.

[?] Was versteht man unter einem Karossier?
[!] Ein großes, stämmiges Warmblutpferd mit erhabenen Gängen und viel Aufsatz, wie man es sich als Fahrpferd für die schweren Kutschen des Englischen Anspannungsstils wünscht.

[?] Was ist über die Traber zu sagen?
[!] Die bekanntesten sind Russische Orlowtraber, Französische Traber und American Standard Bred. Sie werden speziell für das Renntraben gezüchtet und sind deshalb als Reitpferde weniger geeignet.

Abb. 14 Die wichtigsten Brände.

Oben von links: Hannoveraner, Holsteiner, Westfale, Oldenburger, Trakehner (Ostpreuße);
unten: Württemberger, Rheinländer, Bayer, Hesse

Traber, die auf der Rennbahn nicht genug Leistung bringen, können als ausdauernde Fahrpferde oft preisgünstig erworben werden.

? Was wissen Sie über Kaltblüter?
! Die wichtigsten sind das Rheinische Kaltblut, die Belgier, Ardenner und Noriker. Diese schweren, auf Masse gezüchteten Arbeitspferde sind in der Landwirtschaft längst durch Maschinen ersetzt worden. Zunehmend kommen sie aber wieder in der Forstwirtschaft zum Einsatz, außerdem in traditionellen Brauereigespannen u. ä.

? Welche Ponyrassen werden hauptsächlich gefahren?
! Norwegische Fjordpferde, Haflinger und Shetlandponys sind die beliebtesten Robustponyrassen; Welsh-, Connemara- und New Forest-Ponys stehen eher im Großpferdetyp.

Gangarten und Fußfolge

? Welches sind die Grundgangarten des Pferdes?
! Schritt, Trab und Galopp.

? Wie kann man den Schritt beschreiben?
! Er ist eine schreitende Bewegung im Viertakt. Die Vorwärtsbewe-

gung erfolgt mit einer diagonalen, nacheinander getretenen Fußfolge:
1. Rechter Vorderfuß   2. Linker Hinterfuß
3. Linker Vorderfuß   4. Rechter Hinterfuß

? Wie läßt sich der Trab kennzeichnen?
Er ist eine schwungvolle Bewegung im Zweitakt. Das jeweils diagonale Beinpaar schwingt gleichzeitig vor:
1. Linker Hinterfuß und rechter Vorderfuß
2. Rechter Hinterfuß und linker Vorderfuß

? Wie ist der Galopp zu charakterisieren?
Der Galopp ist eine Bewegung im Dreitakt, der sich aus einer Reihe unmittelbar aufeinander folgender Sprünge zusammensetzt. Man unterscheidet Linksgalopp und Rechtsgalopp. Der Linksgalopp hat die Fußfolge:
1. Rechter Hinterfuß   2. Linker Hinterfuß und rechter Vorderfuß
3. Linker Vorderfuß   4. Schwebephase

? Welche Gangarten kommen im Fahrsport in Betracht?
In Eignungsprüfungen für Fahrpferde werden Schritt, Gebrauchs-trab und starker Trab beurteilt. In Dressurprüfungen wird außerdem versammelter Trab verlangt. Im Hindernisfahren darf der Parcours in beliebiger Gangart zurückgelegt werden; das heißt, auch Galopp ist zulässig.

? Wo darf ein Gespann außerdem galoppieren?
Traditionsgemäß dürfen Viererzüge auf dem Turnierplatz die Eh-renrunde im Galopp fahren. Im öffentlichen Straßenverkehr ist Galop-pieren verboten. Somit sind auch beim Gelände-, Strecken- und Mara-thonfahren nur Schritt und Trab zulässig. Innerhalb der Strafzonen von Hindernissen einer Geländestrecke darf auch galoppiert werden.

Pferdehaltung

Pferdepflege

? Was braucht man alles für die Pferdepflege?

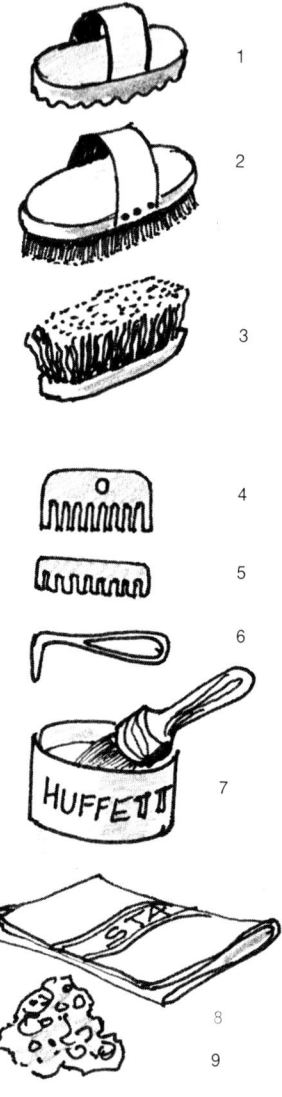

Abb. 15 Putzzeug. 1 Striegel, 2 Kardätsche, 3 Wurzelbürste, 4 Mähnenkamm, 5 Verziehkamm, 6 Hufräumer, 7 Huffett, 8 Wischtuch, 9 Schwamm.

❗ Striegel und Kardätsche, evtl. dazu einen Gummistriegel, zwei gut zu unterscheidende Schwämme, eine Wurzelbürste, Wollappen, Hufräumer, Huffett und Pinsel sowie Holzkohlenteer, ferner Mähnenkamm und Verziehkamm.

? Weshalb wird das Pferd geputzt und wie oft?
❗ Das Putzen dient nicht nur der Reinigung, sondern auch als Massage. Ein Pferd sollte täglich einmal gründlich geputzt werden.

? In welcher Reihenfolge geschieht das Putzen?
❗ Man geht dabei stets von vorn nach hinten vor. Die bemuskelten Körperteile werden zunächst mit dem Strich und entgegengesetzt gestriegelt, am besten mit einem Gummistriegel. Der Kopf und die Gliedmaßen vom Vorderfußwurzelgelenk bzw. Sprunggelenk abwärts dürfen mit einem harten Striegel nicht behandelt werden; das gilt auch für einen stark ausgeprägten Widerrist und vorstehende Hüftknochen.

? Wie geht es dann mit der Kardätsche weiter?
❗ Das ganze Pferd wird mit der Kardätsche in ruhigen, langen Strichen gründlich durchgebürstet. Dazu nimmt man für die linke Seite des Pferdes die Kardätsche in die linke

und den Striegel in die rechte Hand – dann umgekehrt für die rechte Seite des Pferdes. Zwischen zwei Bürstenstrichen am Pferd wird die Kardätsche jeweils in Richtung Fingerspitzen am Striegel abgestreift, den man zwischendurch immer wieder ausklopft. Das erfolgt am besten auf der zuvor angefeuchteten Stallgasse, damit beim Zusammenfegen nach dem Putzen der Staub nicht herumfliegt.

? Was kommt nach dem Durchputzen mit Striegel und Kardätsche an die Reihe?

! Die Mähne wird mit der Wurzelbürste ordentlich durchgebürstet, anschließend reibt man das Pferd mit einem Wollappen ab.

? Weshalb benötigt man zwei verschiedene Schwämme?

! Der eine Schwamm dient zum Säubern von Nüstern, Augen und Maulspalte, den anderen benutzt man für Euter und Unterseite der Schweifrübe, After und Geschlechtsteile.

? Wie erfolgt die Schweifpflege?

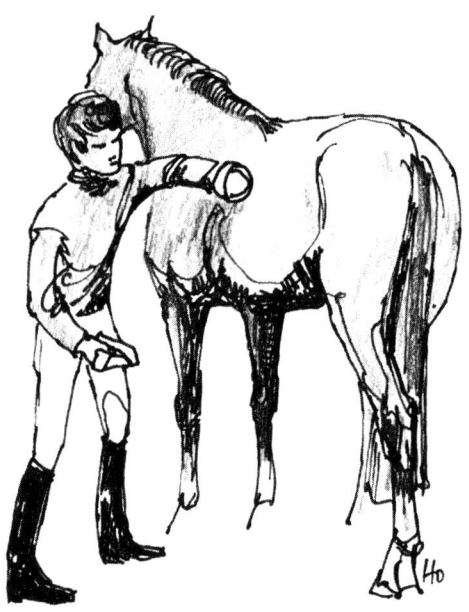

Abb. 16 Putzen

Abb. 17 Hufe ausräumen

█ Der Schweif wird mit der Hand verlesen und vorsichtig ausgebürstet. Von Zeit zu Zeit wäscht man ihn mit einem milden Shampoo aus.

❓ Wie bekommt man stark verschmutzte Beine sauber?
█ Sie werden abgespritzt oder auch nur mit dem Schwamm abgewaschen und schließlich abgetrocknet.

❓ Wie geht man mit den Hufen um?
█ Vor dem Anspannen werden die Hufe ausgeräumt, abgebürstet und dünn mit Huffett bestrichen. Nach dem Fahren sind sie gründlich zu säubern, bei warmem Wetter durch Waschen. Solange sie noch feucht sind, fettet man sie von außen und in der Sohle ein. Wenn der Huf bei feuchter Witterung nur mit einem kantigen Holzstück und einer Bürste von außen gesäubert wird, ist sehr darauf zu achten, daß die Glasurschicht des Hufes nicht beschädigt wird, da sie den natürlichen Schutz der Hornwand bildet. Die saubere Hufsohle ist einmal wöchentlich dünn mit Holzteer zu bestreichen.

❓ Was ist nach dem Ausspannen und Abschirren zu beachten?
█ Die Auflageflächen von Kumt bzw. Brustblatt und Kammdeckel oder Selette sind nach jeder Arbeit im Geschirr auf Druckstellen nachzusehen und vom Schweiß zu säubern. Dazu benutzt man kaltes Wasser, dem man einen Schuß Spiritus zusetzen kann (vor allem nach längerer Arbeit und beim Einfahren junger Pferde).

☐ Was macht man, wenn Pferde naßgeschwitzt sind?

■ Auf keinen Fall dürfen Pferde schweißnaß in den Stall gestellt werden. Bei richtiger Einteilung der Arbeit läßt man sie zuletzt genügend lange Schritt gehen. War dies nicht möglich, werden die Pferde bei warmem Wetter noch eine Weile geführt oder feuchte Stellen mit Strohwischen im Stall trockengerieben. Dem verschwitzten Pferd wäscht man nicht nur die Auflageflächen des Geschirrs mit kaltem Wasser, sondern auch die Körperöffnungen. Zuletzt wird das Pferd glattgebürstet.

Füttern und Tränken

1. Füttern

☐ Wie oft wird bei normaler Stallhaltung gefüttert?

■ Dreimal täglich, nämlich morgens, mittags und abends.

☐ Gibt man jeweils gleichgroße Portionen?

■ Im allgemeinen gibt man die größte Portion abends, weil das Pferd dann länger beschäftigt ist und mehr Zeit zum Verdauen hat. Umgekehrt wird man dann eine kleinere Portion geben, wenn bald darauf angespannt werden soll.

☐ Welche Futtermengen gibt man mittelgroßen Pferden?

■ Bei normaler Belastung fünf Kilo Hafer und sechs Kilo Heu pro Tag, dazu Stroh nach Bedarf. Wird von einem Pferd erhöhte Leistung verlangt, muß auch mehr gefüttert werden – aber nur dann!

☐ Wie heißen die wesentlichen Futterarten?

■ Kraftfutter, Rauhfutter und Saftfutter.

☐ Woran denken wir beim Stichwort Kraftfutter zuerst?

■ An das wichtigste Futtermittel überhaupt, den Hafer. Er ist beim Leistungspferd auf Dauer durch nichts anderes zu ersetzen. Es gibt aber auch fertige Kraftfuttermischungen, sogenannte Pellets, die den Hafer in ausreichender Menge enthalten, dazu meist wichtige Spurenelemente und Vitamine.

? Welche Getreidesorten kommen auch als Kraftfutter in Frage?

! Roggen, Weizen, Gerste oder Mais. Sie kommen aber nur hin und wieder zur Abwechslung auf den Futterplan.

? Was ist Mash und wozu dient er?

! Es handelt sich um eine Mischung aus Quetschhafer, Weizenkleie und Leinsamen, die man mit kochendem Wasser überbrüht und dann durchrührt. Der Mash (sprich „mäsch") wird lauwarm verfüttert und soll sehr kräftigend sein. Man empfiehlt ihn deshalb vor allem für geschwächte oder kranke Pferde, aber auch bei hohen Belastungen wie Haarwechsel oder im Leistungssport.

? Was ist für kranke oder geschwächte Pferde zu empfehlen, wenn diese keine Freßlust haben?

! Denen bietet man Gruel an: einige Handvoll Hafermehl, die in ein paar Liter warmes Wasser eingerührt werden.

? Welche Rauhfutterarten spielen in der Pferdehaltung eine besonders wichtige Rolle?

! Heu und Stroh.

? Woher beziehen die Pferde Teile ihres Rauhfutterbedarfs?

! Aus der Einstreu, sofern dafür Stroh verwendet wird.

? Welche Stroharten sind dafür am besten geeignet?

! Weizen- und Roggenstroh.

? Was versteht man unter Saftfutter?

! Alle Futterarten mit hohem Wassergehalt, wie Rüben, Silage, frisches Grünfutter oder Möhren.

? Welche Rolle spielt Saftfutter bei der Pferdefütterung?

! Es ist ein Beifutter, das zumeist gern aufgenommen wird. Es sollte aber nicht zu viel gegeben werden, eher als Belohnung.

2. Tränken

? Wie oft bietet man Pferden Wasser an, wenn keine Selbsttränken vorhanden sind, und zu welchen Zeiten?

■ Täglich drei- bis viermal, jeweils vor dem Füttern.

? Nimmt man zum Tränken abgestandenes oder frisches Wasser?
■ Man verwendet frisches Wasser.

? Ein erhitztes, schwitzendes Pferd darf nicht zu schnell und gierig saufen. Wie kann man das sicherstellen?
■ Man legt auf das Wasser im Eimer eine Handvoll Stroh oder Heu. Statt dessen kann man auch das Gebiß im Maul lassen.

Stall und Einstreu

? Weshalb ist die Beschaffenheit des Stalles sehr wichtig?
■ Weil unsere Pferde den größten Teil eines jeden Tages hier zubringen. Sie sollen sich im Stall wohlfühlen, damit uns Gesundheit und Leistungsfähigkeit lange erhalten bleiben.

? Welche Grundbedingungen muß ein guter Stall erfüllen?
■ Geräumig, hell und gut belüftet, d. h. zugfrei.

? Welche Maße sollte man bei Großpferden zugrunde legen?
■ Länge und Breite von Boxen jeweils 3−4 Meter, Grundfläche 10−12 m². Für Stände gilt bei fast gleicher Länge eine Breite von 1,65−2,00 m und etwa die halbe Grundfläche. Die Stallgasse sollte 2,5−3 m Mindestbreite aufweisen. Eine Fensterfläche von 10 % der Gesamt-Grundfläche bietet genügend Licht.

? Welche neueren Formen der Stallhaltung kommen der Natur des Pferdes als Herdentier mehr entgegen als die herkömmliche Art?
■ Der Laufstall und die Offenstallhaltung.

? Wie soll ein Pferd im Ständer angebunden werden?
■ Kurz genug, damit es nicht rückwärts bis auf die Stallgasse gelangen oder vorn auf den Strick treten kann; andererseits lang genug, um bequem fressen und sich hinlegen zu können. Am besten eignet sich ein senkrecht eingelassener Eisenstab, an dem ein beweglicher Anbindering auf- und abgleiten kann.

Abb. 18 Richtig angebundenes Pferd und richtige Futterkrippe.

☐? Wie soll den Pferden ihr Futter angeboten werden?

█ Das Heu wird auf den Boden gelegt, neben der Krippe für das Kraftfutter. Diese soll – je nach Körpergröße des Pferdes – mit der Oberkante 0,65–0,90 m über dem Boden messen und muß innen leicht zu säubern sein. Die Öffnung einer richtigen Pferdekrippe wird nach oben enger, damit das Futter beim Fressen nicht herausgeschleudert wird.

☐? Wie sollte die Einstreu im Stall beschaffen sein?

█ Reichlich und sauber, denn die Streu ist für das Wohl des Pferdes von großer Bedeutung. Ausmisten erfolgt morgens und abends; zwischendurch sollten die Pferdeäpfel ab und zu entfernt werden.

☐? Was versteht man unter Matratzenstreu?

█ Hierbei bleibt eine dicke Lage trockener Mist auf dem vorher gründlich gesäuberten Stallboden ein bis zwei Monate liegen; darauf kommt jeweils frische Einstreu, die täglich mehrfach aufgelockert und vom frischen Kot befreit werden muß.

☐? Welche Einstreu ist vorteilhafter?

█ Wechselstreu kostet mehr Stroh, dafür entfällt die Arbeit beim Entfernen der dicken Matratze und zwischendurch auch der nassen Stellen darin. Bei guter Entlüftung ist die Matratzenstreu vorzuziehen, weil die Pferde darauf besser und im Winter auch wärmer liegen.

Krankheiten, Verletzungen und Erste Hilfe

Anzeichen von Krankheiten beim Pferd

[?] Welche äußeren Merkmale lassen darauf schließen, daß ein Pferd nicht in Ordnung ist?
[!] Unruhe oder Teilnahmslosigkeit, Schweißausbrüche und das Liegenlassen des Futters zeigen meist eine Störung des Allgemeinbefindens an.

[?] Wenn man nun näher hinsieht, gibt es für eine Erkrankung welche typischen Kennzeichen?
[!] Glanzlose, trübe Augen; struppiges und glanzloses Fell; Husten, Stöhnen oder stärkerer Nasenausfluß; häufigeres Wälzen oder daß ein Pferd sich nach dem Bauch hin umsieht.

[?] Wie erkennt man Krankheiten anhand der Körpertemperatur?
[!] Die normale Körpertemperatur eines erwachsenen Pferdes beträgt vor der Arbeit 37,5 bis 38,0 Grad Celsius und liegt abends geringfügig höher. Nach Belastung kann die Temperatur auf etwa 41,5 Grad ansteigen und erreicht nach ein bis zwei Stunden wieder den Ausgangswert. Bei Temperaturen deutlich über diesen Werten spricht man von Fieber – meist erstes Symptom einer Infektionskrankheit.

[?] Wie wird beim Pferd die Körpertemperatur gemessen?
[!] Im Mastdarm mit einem Fieberthermometer, das durch Öl oder Vaseline gleitend gemacht wurde. Da es tief in den After eingeführt werden muß, sichert man es mit einer gut angeknoteten Schnur dagegen, daß es in den Mastdarm hineinrutscht.

[?] Wie hoch ist die normale Pulsfrequenz des ausgewachsenen Pferdes und wie fühlt man sie?
[!] Sie liegt bei einem Warmblutpferd, das sich seit mindestens einer Stunde in Ruhe befindet, zwischen 26 und 40 Herzschlägen je Minute. Man fühlt den Puls mit den Fingerspitzen an der unteren Seite des Unterkiefers. Man muß die richtige Stelle langsam ertasten, weil bei niedriger Pulsfrequenz nur alle zwei Sekunden ein Herzschlag erfolgt.

Abb. 19 Pulsfühlen.

[?] Wie beurteilt man die Atmung?

[!] Im Ruhezustand macht ein gesundes Pferd 10 bis 14 ruhige, gleichmäßige Atemzüge pro Minute. An den Nüstern ist dies kaum zu sehen, sondern am Heben und Senken des Bauches. Bei Krankheits- und Schmerzzuständen ist die Atmung beschleunigt, aber auch nach Belastung.

Erste Hilfe bei Verletzungen, Erkrankungen und Lahmheiten

1. Verletzungen

[?] Was muß man beachten, wenn ein Pferd äußere Verletzungen erlitten hat?

[!] Vor allem stellt man fest, ob noch aktiver Impfschutz gegen Wundstarrkrampf gegeben ist. Andernfalls ist sofort eine Erneuerungsimpfung gegen den Tetanusbazillus zu veranlassen.

[?] Wie geht man bei einer kleineren Wunde vor?

[!] Man desinfiziert sie, zum Beispiel mit einem Wundspray. Wenn sie nicht bald von Schorf bedeckt ist, sondern offen bleibt, sollte der Tierarzt zu Rate gezogen werden.

[?] Was ist bei Verletzungen in Augennähe zu tun?

[!] Es ist besondere Vorsicht geboten! Man verwendet keine scharfen Desinfektionsmittel oder Sprays, sondern behandelt die Verletzung mit Wundpuder oder einem in warmen Kamillentee getauchten Wattebausch.

[?] Wie behandelt man eine Schnittverletzung?

🛑Falls die Haut des Pferdes durchtrennt wurde, ist tierärztliche Behandlung angezeigt. Bis dahin wird die Wunde mit einer keimfreien Kompresse abgedeckt.

❓Was versteht man unter einer Sommerwunde?
🛑So bezeichnet man eine Verletzung, die wegen der Eiablage von Insekten schlecht heilt oder sogar wuchert.

❓Wie kann man dagegen vorbeugen?
🛑Zunächst natürlich, indem man den Stall im Sommer möglichst insektenfrei hält, z. B. mittels elektronischer Fliegentöter. Kommt das Pferd aber auf die Koppel, kann man vorbeugen, indem man ein Fliegenschutzmittel auf die Wundumgebung aufträgt.

❓Was macht man gegen einen Bluterguß?
🛑Im Bereich der Körpermuskulatur wird ein frischer Bluterguß möglichst bald mit Azetat oder essigsaurer Tonerde gekühlt. Wird er erst später erkannt, behandelt man ihn mit Prießnitz-Umschlägen oder regt mittels Kampfersalbe oder ähnlichen Präparaten die Durchblutung an. Hat ein Pferd sich im Bereich der Gliedmaßen angeschlagen, z. B. das Vorderfußwurzel- oder Fesselgelenk, sollte man lieber den Tierarzt um Rat fragen. Inzwischen wird hier ebenfalls sofort gekühlt.

❓Wie verhält man sich bei einem Nageltritt?
🛑Man sollte unbedingt den Tierarzt rufen. Kann er nicht sofort kommen, zieht man den Nagel heraus, stellt aber zuvor ein starkes Desinfektionsmittel bereit, z. B. Lysol. Man hebt den Fremdkörper auf und merkt sich genau, wie tief und in welcher Richtung er eingedrungen war, damit man es später dem Tierarzt beschreiben kann.

2. Erkrankungen

❓Was versteht man unter Mauke und wie wird sie bekämpft?
🛑Es handelt sich um eine Hautentzündung in der Fesselbeuge, die durch Schmutz, Nässe, Chemikalien und mechanische Beanspruchung verursacht wird. Zur Behandlung werden zunächst die Haare (Kötenbehang) abgeschnitten, dann der erkrankte Bereich ca. zweimal täglich mit einem milden Desinfektionsmittel abgewaschen (z.B.

Wasserstoffsuperoxyd- oder Rivanol-Lösung). Bis zur nächsten Behandlung trägt man Zinksalbe oder Puder auf. Für das Abheilen der im fortgeschrittenen Stadium stark nässenden Hautkrankheit sind Ruhe und Sauberkeit ebenso wichtig wie das Vermeiden von Nässe.

? Wie entsteht Strahlfäule und wie behandelt man sie?

! Strahlfäule entsteht infolge mangelnder Sauberkeit und Pflege der Hufe, vor allem durch das Stehen im nassen Mist. Zur Behandlung wird der Strahl gründlich gesäubert und die faule Stelle mit Kupfervitriol bestreut, das man in Vertiefungen mit einem Wattebausch hineindrückt. (Vorsicht starkes Gift!) Die Hufsohle wird dann nur eingefettet, weil Holzteer den notwendigen Luftzutritt verhindern würde.

? Was ist bei Husten zu beachten?

! Ein Pferd, das kein Fieber hat, kann nach Absprache mit dem Tierarzt schonend in frischer Luft bewegt werden. Ist der Husten von Fieber begleitet, muß der Tierarzt gerufen werden, und das Pferd bleibt im gut belüfteten Stall. Dort sind vor allem Zugluft und Staub zu vermeiden, das Heu wird vor dem Füttern angefeuchtet.

? Was ist über Kreuzverschlag zu sagen?

! Es handelt sich um eine Stoffwechselstörung der Muskulatur. Sie beginnt mit Bewegungsstörungen der Hinterhand, die sich schnell bis zur Erstarrung verschlimmern. Muskelgruppen der Hinterhand, z. B. Oberschenkel, Lende und Kruppe, schwellen an und werden bretthart, hinzu kommen Schweißausbrüche. Da sich der Harn rotbraun bis schwarz verfärbt, spricht man auch von der Schwarzen Harnwinde. Schnelle tierärztliche Hilfe ist lebensnotwendig.

? Wie wird der Kreuzverschlag auch noch genannt und weshalb?

! Man spricht von der Feiertagskrankheit, weil reichliches Futter bei gleichzeitigem Bewegungsmangel die Krankheit häufig verursacht.

? Wie verhält man sich bis zum Eintreffen des Tierarztes?

! Auf Kruppe und Nierengegend heiße Packungen auflegen, die man am einfachsten mit weichgedämpften Kartoffeln in Stoffbeuteln herstellt. Am schnellsten geht es mit Tüchern, die in heißes Wasser getaucht und dann ausgewrungen wurden oder mit elektrischen

Abb. 20 Pferd mit Kolik.

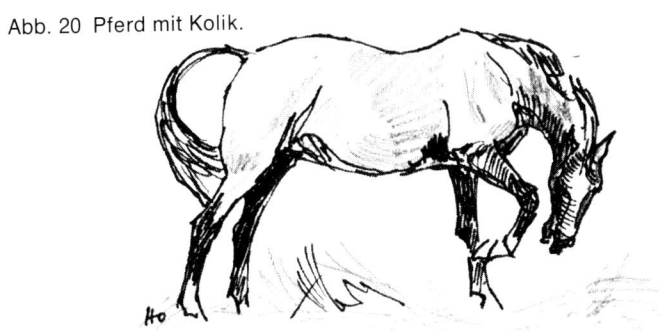

Heizkissen. Das Pferd darf weder bewegt werden, noch läßt man zu, daß es sich hinlegt.

? Was sind Koliken?
! Darunter versteht man schmerzhafte Verdauungsstörungen, die meist anfallsweise auftreten.

? Wie macht sich eine Kolik bemerkbar?
! Typische Kennzeichen sind häufiges Umsehen des Pferdes zum Bauch hin, Scharren und Schweifschlagen, Wegstellen der Hinterbeine und Schweißausbrüche sowie vergebliche Versuche zu misten oder zu stallen. Viele Pferde legen sich öfter hin und wälzen sich.

? Muß man bei einer Kolik den Tierarzt rufen?
! Normalerweise immer. Es gibt aber Pferde, die bei jedem Wetterumschwung oder vor Gewittern regelmäßig eine Kolik bekommen. In solchen Fällen stimmt man das richtige Verhalten mit dem Tierarzt ab.

? Was tut man bis zum Eintreffen des Tierarztes?
! Entlastung bringt es dem Pferd meist, wenn man den Bauch mit Strohwischen kräftig massiert und es anschließend eindeckt. Falls das Pferd sehr unruhig ist, bringt man es besser ins Freie oder in die Reithalle, um etwaiger Verletzungsgefahr zu begegnen.

? Wodurch werden Koliken verursacht?
! Ebenso unterschiedlich wie die Anfälligkeit der einzelnen Pferde sind auch die Ursachen: schlechtes oder verdorbenes Futter, eine

Erkältung oder auch nur Aufregung bzw. die Unruhe vor einem Witterungsumschwung; oft ist auch Wurmbefall dafür verantwortlich.

[?] Wie kann man den Wurmbefall vermeiden?

[!] Indem man in regelmäßigen Abständen eine Wurmkur mit einem modernen Universalmittel durchführt, am besten gleichzeitig im ganzen Bestand und unter tierärztlicher Aufsicht.

3. Lahmheiten

[?] Wie entstehen leichtere Lahmheiten und was tut man dagegen?

[!] Ursache sind meist Überanstrengung oder Anschlagen der Beine, was entsprechende Schwellungen zur Folge hat. Durch Bandagieren oder Anlegen von Gamaschen kann man vorbeugen. Sind aber solche Beinschäden entstanden, wird die betroffene Partie gekühlt. Führt das Kühlen nicht innerhalb von drei Tagen zum Erfolg, sollte man den Tierarzt zu Rate ziehen.

[?] Was führt zu schweren Lahmheiten mit Gefahr von Dauerschäden?

[!] Knochenverletzungen, wie Brüche oder Fissuren, sowie Knochenauftreibungen (z. B. Überbeine); ferner Zerrungen, die mit mehr oder weniger stark ausgeprägten Muskel-, Sehnen- oder Bänderrissen einhergehen können. In allen diesen Fällen entscheidet der Tierarzt über die erforderliche Behandlung.

[?] Was ist Hufrehe?

[!] Eine akut auftretende, schmerzhafte Entzündung der Huflederhaut der Vorderbeine. Wenn diese vom Pferd nach vorne weggestreckt werden, ruft man am besten sofort den Tierarzt, zumal wenn das Pferd starken Belastungen ausgesetzt war. Das kann z. B. für Stuten nach dem Abfohlen zutreffen. Auch Vergiftungen kommen als Ursache in Frage.

[?] Starke Belastungen können andere Arten von Lahmheiten hervorrufen. Welche beiden treten bei Leistungspferden häufig auf?

[!] Das sind die durch Spat und durch Hufrollenentzündung entstehenden Lahmheiten. Beide sind sehr gefürchtet, weil sie vielfach zur Unbrauchbarkeit als Sportpferd führen.

[?] Welche Rolle spielt der Hufschmied im Hinblick auf Lahmheiten?

[!] Er kann durch guten Korrekturbeschlag (z. B. Spateisen) manche Lahmheit bessern, durch Fehler aber auch solche hervorrufen, etwa durch Schäden der Huflederhaut infolge Vernagelns.

Pferdekauf

Vorführen eines Pferdes

[?] Wie wird ein Pferd vorgemustert?

[!] Das Pferd trägt einen Reitzaum mit Trense und Reit- oder Führzügel. Diesen hält der Vorführende in der rechten Hand, das Ende zusammengelegt, zwei bis drei Handbreit unter dem Kinn (Reitzügel werden mit dem rechten Zeigefinger geteilt). Der Vorführer geht auf der linken Seite des Pferdes etwa in Schulterhöhe, ohne es anzusehen, und zwar im Gleichschritt mit dessen Vorderbeinen. Das Tempo wird durch leichten Zügelanzug oder Zungenschnalzen reguliert. Wendungen erfolgen stets rechtsherum.

[?] Wie stellt man ein Pferd richtig auf?

[!] Der Vorführende steht vor dem im rechten Winkel zum Beschauer aufgestellten Pferd, Zügelende in der rechten Hand. Das dem Betrachter zugekehrte Vorderbein soll einen halben Schritt nach vorne, das entsprechende Hinterbein ebensoviel nach hinten herausgestellt sein

Abb. 21 Vormustern.

Abb. 22 Aufstellung.

(„geöffnete Stellung"). Korrekturen nimmt man immer nach vorne vor. Dann möglichst wenig mit dem Zügel herumziehen, damit sich das Pferd ruhig in schöner Selbsthaltung präsentiert.

Zusammenhang von Körperbau und Eignung als Fahrpferd

⟨?⟩ Was ist unter Exterieurbeurteilung zu verstehen?
⟨!⟩ Das äußere Erscheinungsbild eines Pferdes wird insgesamt und im Detail beurteilt und beschrieben.

⟨?⟩ Worauf achtet man beim Kopf eines Pferdes?
⟨!⟩ Zunächst einmal, daß er in der Größe den übrigen Proportionen harmonisch entspricht, vor allem nicht zu schwer und klobig wirkt. Die Augen wünscht man sich groß und klar, lebhaft und aufmerksam. Aufmerksamkeit und Temperament sollen auch die fein ausgebildeten Ohren durch ihr Bewegungsspiel verraten. Auch die Nüstern sollen groß sein und – je nach Situation – Rückschlüsse auf Verfassung und Charakter des Pferdes zulassen. Harmonie und schöne Form sind eben nicht nur eine Sache der Optik, sondern lassen auch auf entsprechende „innere Werte" eines Pferdes schließen!

⟨?⟩ Was ist über den Hals zu sagen?
⟨!⟩ Bei einem gut gebauten Pferd ist er aus der Schulter heraus breit

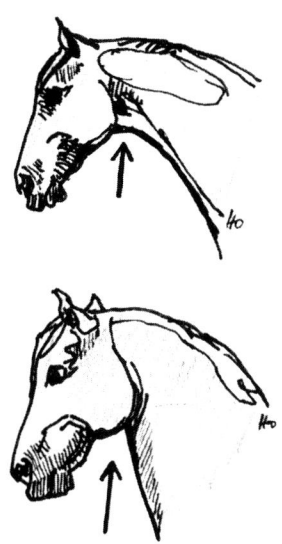

Abb. 23 Ganaschen-Kopfansatz. Oben: Günstig angesetzter Kopf; unten: schwere Ganaschen, ungünstig angesetzter Kopf.

Abb. 24 Kopfformen. Oben: gerader Kopf; Mitte: Ramskopf; unten: Hechtkopf.

angesetzt; bei mittlerer Länge soll die Linie des Oberhalses länger sein als die des Unterhalses. Die Muskulatur soll auf der Oberseite kräftig ausgebildet sein, unten weniger.

? Wie muß der Übergang zwischen Hals und Kopf beschaffen sein, damit ein Pferd ohne Probleme durchs Genick gefahren werden kann?
! Diesen Bereich am oberen Hinterrand des Unterkiefers nennt man Ganaschen. Sie sollen so geformt sein, daß sie den Ohrspeicheldrüsen genügend Spielraum lassen. Deshalb dürfen auch die Backenknochen nicht zu breit sein.

? Was versteht man unter Ganaschenzwang?

⚠ Die Ganaschen liegen unmittelbar an den Ohrspeicheldrüsen an. Beim Beizäumen kann eine schmerzhafte Quetschung der Ohrspeicheldrüsen durch Druck der schweren Ganaschen gegen den Atlaswirbel entstehen.

❓ Welche Halsform ist besonders unerwünscht?
⚠ Der Hirschhals ist nicht nur unschön und geht mit einer steilen Schulter einher, sondern meist auch mit Ganaschen- und Genickschwierigkeiten. Ein solches Pferd ist schwer ans Gebiß zu stellen.

❓ Wie sollte der Widerrist eines gut gebauten Pferdes aussehen?
⚠ Ein ausgeprägter, langer und breiter Widerrist ermöglicht den Ansatz von viel Muskulatur, die für eine gute Verbindung zwischen Rumpf und Vorderbeinen sorgt. Ein solcher Widerrist ist beim Reitpferd auch für eine gute Sattellage wichtig. Für Fahrpferde ist dieser Gesichtspunkt zweitrangig.

❓ Wie wünscht man sich die Schulter des Pferdes?
⚠ Sie soll lang sein und so schräg, daß sie einen Winkel von mindestens 45 Grad zur Senkrechten bildet. Breite Schultern bieten der Muskulatur genügend Ansatzfläche. Gute Bemuskelung wiederum ergibt eine bessere Auflage für Kumt oder Brustblatt.

❓ Wie beeinflußt die Schulter Aktion und Raumgriff der Vorhand?
⚠ Beides leidet durch eine zu steile oder schmale Schulter.

❓ Wie soll die Brust aussehen?
⚠ Breit und tief, weil sie damit viel Platz für Herz und Lunge bietet. Dies ist für Leistungspferde von besonderer Bedeutung.

❓ Was ist über den Rücken zu sagen?
⚠ Er soll so lang sein, daß Vorder- und Hinterbeine mit ihm ein Rechteck bilden – kein Quadrat! Für Reitpferde ist eine leichte Senkung in der Sattellage wichtig, für reine Fahrpferde weniger; gute Bemuskelung und Rippenwölbung sind in jedem Fall erwünscht.

❓ Wie soll die Nieren- oder Lendenpartie aussehen?
⚠ Ebenfalls breit und gut bemuskelt; der Übergang vom Rücken ist

Abb. 25 Hals und Schulter. Oben: guter Hals – schräge Schulter; unten: Hirschhals – steile Schulter.

ohne sichtbare Grenzen. Die Länge muß in einem ausgewogenen Verhältnis zum Gesamtkörper stehen.

⁇ Weshalb gilt die Kruppe als „Hebel der Kraft"?

❗ Wenn sie breit, lang und abgerundet ist, mit starker Muskulatur am Oberschenkel in Richtung Sprunggelenk, bildet sie zusammen mit den Hintergliedmaßen die Quelle aller Leistung. Deshalb achtet man auf diese Bemuskelung – die sogenannten „Hosen" – bei jedem Leistungspferd in besonderem Maß.

⁇ Welche Punkte sind zur Beurteilung der Pferdebeine wichtig?

❗ Sie sollen klar und trocken sein, also keine Gallen, Überbeine oder Schwellungen aufweisen. Die Hufe müssen gesund und gut gestellt sein. Unterarme und Unterschenkel sollen mindestens gleichlang sein wie die Vorder- bzw. Hinterröhren, möglichst sogar länger.

⁇ Welche Merkmale sind für Fahrpferde besonders wichtig?

❗ Wegen der geringeren Einwirkungsmöglichkeiten des Fahrers im Vergleich zum Reiter kommt es besonders auf guten und ausgeglichenen Charakter an. Da der Schub zur Bewältigung der Zuglast aus der Hinterhand des Pferdes entwickelt wird, ist eine ausgeprägte Bemuskelung derselben wichtig. Für den Einsatz auf Turnieren, wo ständiger Gebrauch von Peitsche und Stimmhilfen unerwünscht ist, soll insbesondere bei den Vorderpferden ein natürlicher Vorwärtsdrang vorhanden sein.

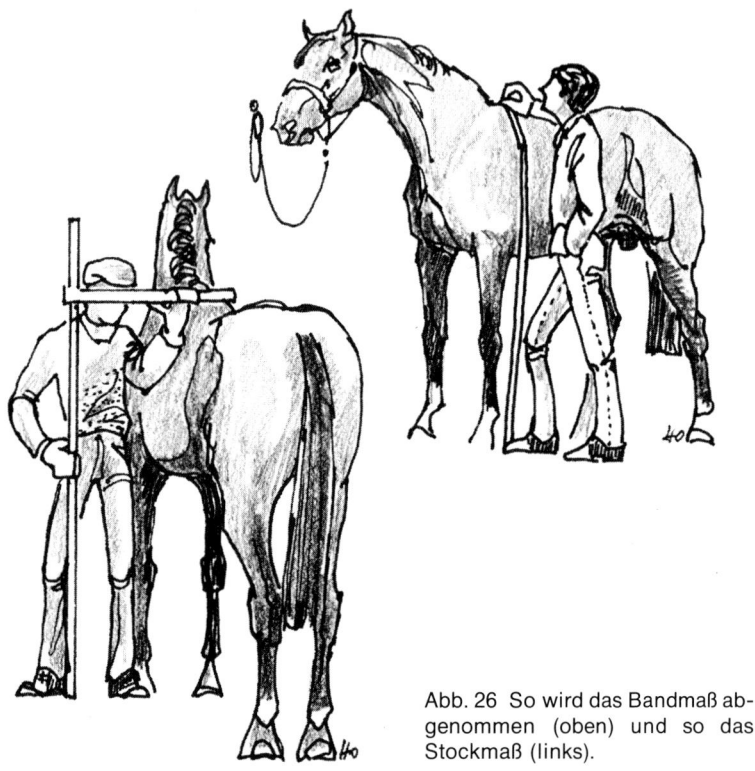

Abb. 26 So wird das Bandmaß ab-
genommen (oben) und so das
Stockmaß (links).

[?] Was ist für Zwei- und Mehrspänner zu beachten?
[!] Die Pferde sollen im Gespann nach Größe, Typ, Farbe, Gangwerk
und Temperament gut zusammenpassen.

[?] In welche Grundtypen lassen sich Fahrpferde einteilen?
[!] In Karossiers für alle schwereren Wagen der englischen Anspannung, Jucker-Typen für alle ungarischen und leichten Landwagen,
mittelschwere Warmblut-Pferde für alle übrigen Fahrzeuge.

[?] Welche Einteilung gilt für Ponys?
[!] Für die Teilnahme an Turnieren werden Ponys nach ihrer Größe
folgendermaßen eingeteilt: K-Ponys bis 127 cm Stockmaß, M-Ponys
mit 128—137 cm Stockmaß und G-Ponys mit 138—148 cm Stockmaß.

Im übrigen sollen auch Kleinpferde nach Farbe, Typ und Bewegungen miteinander harmonieren.

?Welche Farben passen zusammen?
Schimmel, Füchse und Rappen kann man gut zusammenspannen. Braune passen jedoch besser nur zu Braunen. Im typischen Jucker-Gespann ist die Farbzusammenstellung beliebig.

?Wohin gehört beim Zweispänner das stärkere, größere Pferd?
Bei Rechtsverkehr stets nach rechts, da durch die Straßenwölbung das rechte Pferd etwas niedriger geht als das linke und weil es beim Überholen und Linksabbiegen den Wagen auf die Straßenmitte heraufziehen muß.

?Welche Anforderungen müssen bei Tandem, Vier- und Mehrspännern die Vorderpferde erfüllen?
Die leichteren, edleren, womöglich im Stockmaß größeren Pferde gehören nach vorne. Die wichtigsten Voraussetzungen für Vorderpferde sind ausdrucksvolle Bewegungen und betonter Vorwärtsdrang.

Gewährsmängel

?Was versteht man unter Gewährsmängeln?
Man nennt sie auch Hauptmängel. Es handelt sich um sechs Fehler, über die der Verkäufer eines Pferdes Auskunft geben muß. Andernfalls hat bei Auftreten innerhalb von 14 Tagen nach Übergabe der Käufer ein uneingeschränktes Rückgaberecht. Diese Bestimmungen gehen zurück auf die Kaiserliche Verordnung von 1899, die insoweit bis heute Gültigkeit hat.

?Wie heißen diese sechs Gewährs- oder Hauptmängel?
Es handelt sich um Dummkoller, Periodische Augenentzündung, Rotz, Koppen, Kehlkopfpfeifen und Dämpfigkeit.

?Welche dieser Mängel sind heutzutage ohne praktische Bedeutung?
Der Rotz ist seit Jahrzehnten bei uns nicht mehr aufgetreten. Auch Dummkoller, eine unheilbare Krankheit als Folge akuter Gehirnwassersucht, kommt bei modernen Sportpferden kaum noch vor.

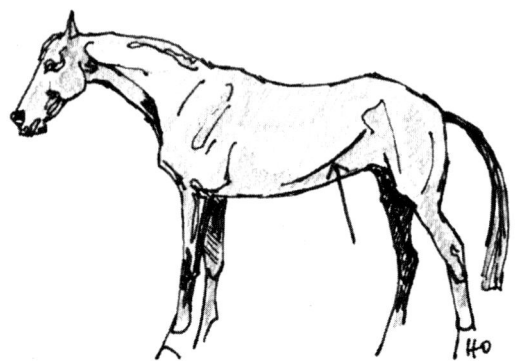

Abb. 27 Dampfrinne.

? Welche weiteren Fehler führen selten zu Auseinandersetzungen und weshalb?

! Koppen, Periodische Augenentzündung und Dämpfigkeit sind, zumindest im fortgeschritteneren Stadium, für Verkäufer und Käufer offensichtlich. Damit behaftete Pferde werden folglich kaum als „gesetzlich fehlerfrei" gehandelt.

? Wie äußert sich das Koppen?

! Dabei saugt das Pferd mit einem rülpsenden „Kopperton" Luft ein. Man unterscheidet Krippensetzen, weil das Pferd dabei mit den Zähnen z. B. auf dem Krippenrand aufsetzt, und Frei- oder Luftkoppen.

? Was ist Periodische Augenentzündung oder Mondblindheit und wie erkennt man sie?

! So heißt eine unvorhersehbar und plötzlich auftretende Entzündung des Auginnern. Bleifarbig getrübte Hornhaut, verengte Pupille und gelbliches Sekret sind die Anzeichen, wobei das Pferd das Auge meist geschlossen hält.

? Wie kann man Dämpfigkeit beschreiben und woran erkennt man diese Krankheit?

! Es handelt sich um Atembeschwerden, die durch einen chronischen, unheilbaren Krankheitszustand der Lungen oder des Herzens bewirkt werden. Schon bei geringen Anstrengungen tritt schnelles, unregelmäßiges Atmen auf. Die Normalisierung dauert sehr lange. Oft kommt Husten hinzu, und die sogenannte Dampfrinne zeichnet sich ab.

⬚? Was ist Kehlkopfpfeifen?

⬛! Ein pfeifender oder „rohrender" Ton entsteht beim Atmen unter Belastung infolge eines chronischen Krankheitszustandes von Kehlkopf oder Luftröhre. Durch eine Operation läßt sich der Ton zwar oft beseitigen, das Pferd kann aber danach nicht mehr wiehern.

Ausbildung von Fahrpferden

Longenarbeit

⬚? Welches ist der wichtigste Gesichtspunkt beim Einfahren?

⬛! Daß man in größtmöglicher Ruhe und in kleinen Schritten mit viel Lob und Belohnung vorgeht.

⬚? Welches sind die wichtigsten Schritte in der Ausbildung eines Fahrpferdes?

⬛! Gewöhnung an Halfter, Gebiß und Geschirr, die Arbeit mit der einfachen Longe, die Arbeit mit der Doppellonge, die Arbeit an der Schleppe und das erste Anspannen.

⬚? Man longiert Pferde nicht nur im Rahmen der Ausbildung. Weshalb sonst noch?

⬛! Um sie schonend zu bewegen oder sie vor dem Anspannen zu lösen.

⬚? Was benötigt man für die Arbeit mit der einfachen Longe?

⬛! Longiergurt oder Kammdeckel bzw. Selette, Trensenzaum, zwei Ausbindezügel und die Longierpeitsche. Man kann anstelle des Longiergurts oder der Geschirrteile auch einen Sattel verwenden, dann aber am besten ohne Bügel.

⬚? Wie wird das Pferd zum Longieren vorbereitet?

⬛! Nach dem Auftrensen werden Longiergurt oder Kammdeckel bzw. Selette aufgelegt, aber noch nicht stramm angezogen. Die Ausbindezügel befestigt man in halber Höhe am Longier- bzw. Bauchgurt und verschnallt sie so, daß die Nase des Pferdes etwas vor der Senkrechten steht. Dabei soll der jeweils äußere Zügel etwa zwei Loch länger geschnallt sein als der innere. Die Longe schnallt man in den inneren

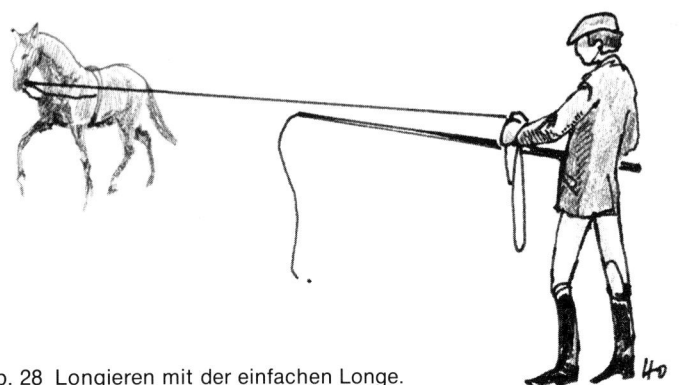

Abb. 28 Longieren mit der einfachen Longe.

Trensenring – bei jungen oder empfindlichen Pferden sollte man einen Kappzaum verwenden. Zuletzt wird nachgegurtet.

[?] Wie hält man nun Longe und Peitsche?
[!] Beim Longieren auf der linken Hand nimmt man die Longe in die linke und die Peitsche in die rechte Hand. Der linke Arm ist leicht angewinkelt, die Peitsche weist in waagrechter Linie auf die Hinterbeine des Pferdes. Auf der rechten Hand macht man es umgekehrt.

[?] Was braucht man zum Longieren mit der Doppellonge?
[!] Am besten ist ein Doppellongen-Geschirr mit Longiergurt und Vorderzeug oder ein halbes Zweispännergeschirr ohne Stränge, dazu zwei dicke Leinenführungsringe zum Einschnallen unter den Strangschnallen; man kann auch eine Einspänner-Selette oder einen Reitsattel verwenden. Hinzu kommen Trensenzaum, eine 17 Meter lange Doppellonge und eine Longierpeitsche.

[?] Wie wird das Pferd zur Doppellongenarbeit vorbereitet?
[!] Zunächst wird das Geschirr aufgelegt, am besten stets mit Schweifriemen, der jedoch nicht zu stramm geschnallt werden sollte. Am Bauchgurt des Doppellongengeschirrs sind beidseitig bereits zwei große Ringe in knapp 60 cm Abstand zum Fallring befestigt. Bei Kammdeckel oder Selette sind zwei Ringe unter der Strangschnalle auf den kleinen Bauchgurt zu schieben und mit einem Sporenriemen an der Strangschnalle zu befestigen. Wird ein Sattel verwendet, werden die

relativ kurz geschnallten, heruntergezogenen Bügel mit Sporenriem-chen beidseitig am Sattelgurt festgelegt und dienen dann zur Führung der Doppellonge. Diese wird von hinten durch die Ringe bzw. Steig-bügel eingezogen, dann durch die Leinenringe am Halsriemen bzw. Kumt geführt und beidseitig in die Trensenringe eingeschnallt.

[?] Wie werden Doppellonge und Peitsche gehalten?
[!] In jeder Hand eine Longe, beide Arme sind leicht angewinkelt. Wird auf der linken Hand longiert, kommt die Peitsche in die rechte Hand, während die linke die überschüssige Longenlänge in großen Schlau-fen aufnimmt. Auf der rechten Hand verfährt man umgekehrt. Mit zu-nehmendem Fortschritt der Arbeit kann später die Doppellonge wie beim Fahren in einer Hand vereinigt werden.

[?] Was ist bei der Doppellongenarbeit besonders wichtig?
[!] Sehr weiche Leinenführung und häufige nachgebende Hilfen.

Abb. 29 Doppellongengeschirr

1. Trensenzaum	7. großer Ring am Bauchgurt
2. Longenschnalle	8. Fallring
3. Leinenring	9. Schweifriemen
4. Halsriemen	10. Doppellonge
5. Brustblatt	11. Streichgamaschen
6. Bauchgurt	12. Streichkappen oder Sprungglocken

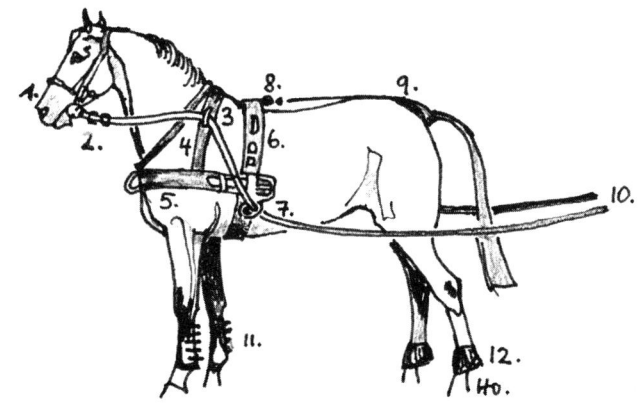

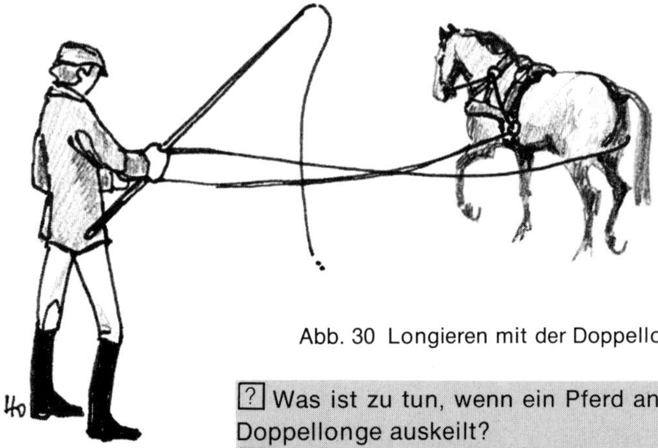

Abb. 30 Longieren mit der Doppellonge.

[?] Was ist zu tun, wenn ein Pferd an der Doppellonge auskeilt? [!] Nicht hinter dem Pferd bleiben, sondern sofort auf den Zirkel gehen, damit man nicht von einem wegfliegenden Hufeisen getroffen wird. Nun kann sich das Pferd ruhig austoben; es hört bald von selbst auf und ist dann meist gut gelöst.

Einfahren

[?] Ist es besser, ein rohes Pferd nach dem Longieren zuerst anzureiten und dann einzufahren oder umgekehrt? [!] Man kann beide Wege beschreiten. Bei Ponys ohne passenden Reiter und bei Großpferden, wenn ein zuverlässiges Lehrpferd zur Verfügung steht, beginnt man am besten mit dem Einfahren. Muß das Pferd allein eingefahren werden, gibt es mit angerittenen Pferden meist weniger Probleme.

[?] Sollte ein reines Fahrpferd auch unter dem Sattel ausgebildet werden? [!] Die Arbeit unter dem Sattel ist für jedes Fahrpferd eine gute Ergänzung bei der dressurmäßigen Ausbildung.

[?] Beeinträchtigt das Fahren die Arbeit von Pferden unter dem Sattel? [!] Korrektes Fahren schadet dem Reitpferd nicht. Es ist ein guter Ausgleichssport, fördert den Schritt und die Wachstumsentwicklung.

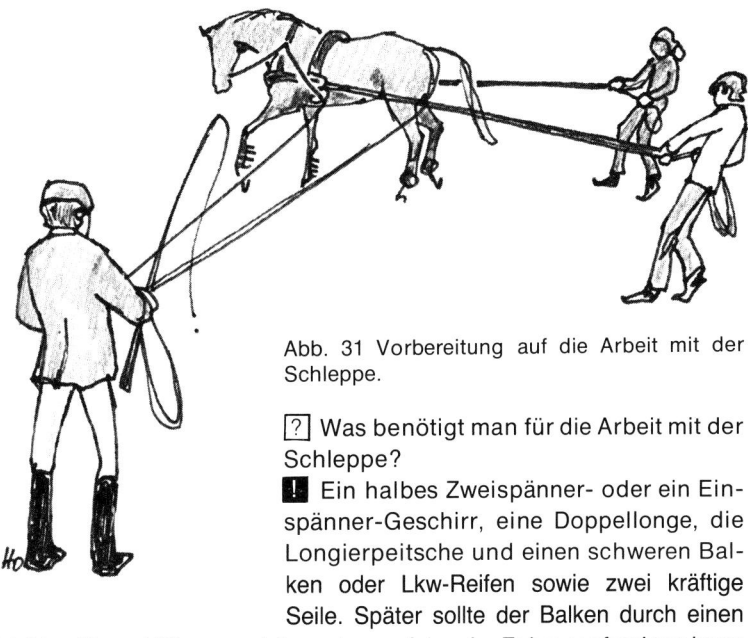

Abb. 31 Vorbereitung auf die Arbeit mit der Schleppe.

? Was benötigt man für die Arbeit mit der Schleppe?

! Ein halbes Zweispänner- oder ein Einspänner-Geschirr, eine Doppellonge, die Longierpeitsche und einen schweren Balken oder Lkw-Reifen sowie zwei kräftige Seile. Später sollte der Balken durch einen leichten Zugschlitten ersetzt werden, auf den der Fahrer aufsteigen kann und sicheren Halt findet.

Abb. 32 Einfahren am Zugschlitten.

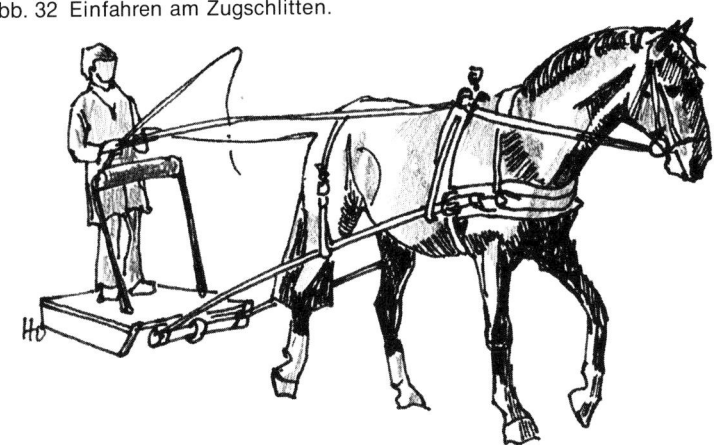

[?] Wie nennt man das erfahrene, ältere Fahrpferd, neben dem man junge Pferde am sichersten einfährt?

[!] Man nennt es den „Lehrmeister".

[?] Wie spannt man das junge Pferd neben den Lehrmeister?

[!] Man spannt es immer auf die dem Verkehr abgewandte Seite, also rechts.

[?] Worauf ist beim ersten Anspannen eines jungen Pferdes mit einem Lehrmeister besonders zu achten?

[!] Das Einfahren muß unbedingt mit fester Bracke oder festgebundener Spielwaage erfolgen, damit das junge Pferd beim Anziehen des erfahrenen nicht einen Ruck vor die Brust bekommt.

[?] Wie hilft man sich, wenn kein Lehrmeister zur Verfügung steht?

[!] Man fährt das junge Pferd einspännig ein und gewöhnt es vorher schon vor der Schleppe an die Scherbäume. Dazu bindet man zwei Stangen links und rechts an die Schleppe und führt sie durch die Trageösen am Einspännergeschirr.

[?] Welche Sicherheitsmaßnahme ist beim ersten Anspannen zu empfehlen?

[!] Ein Helfer geht mit eingeschnallter, einfacher Longe neben dem Neuling her, um ihn zu beruhigen und um den Fahrer bei auftretenden Schwierigkeiten zu unterstützen.

[?] Was sollte man bei den ersten Einfahr-Versuchen nicht vergessen?

[!] Eine gefüllte Futterschwinge oder andere Leckerbissen zur häufigen Belohnung.

[?] Wo findet das Einfahren am besten statt?

[!] Auf einem ruhigen, ebenen Platz in vertrauter Umgebung. Von der Bodenbeschaffenheit her eignet sich eine Wiese oder ein nicht zu tiefer Sandplatz am besten.

[?] Wie gewöhnt man das junge Pferd an den Straßenverkehr?

[!] Auf wenig befahrenen, abgelegenen Wegen mit einem ruhigen, älteren Pferd im Zweispänner. Im Einspänner wird man das junge Pferd nicht auf die Straße bringen, ohne es vorher unter dem Sattel oder an der Hand an das Verkehrsgeschehen gewöhnt zu haben.

[?] Wie vollzieht sich die weitere Ausbildung des Fahrpferdes?
[!] In kleinen Schritten mit allmählicher Steigerung der Anforderungen. Wichtig sind eine weiche, nachgebende Hand, häufige Pausen mit Belohnung und möglichst viel Abwechslung in der Arbeit.

Anspannungslehre

Anspannungsarten und Anspannungsstile

[?] In welche beiden Stilrichtungen kann man die Anspannung grundsätzlich unterteilen?
[!] In Kumtanspannung einerseits und Brustblatt- bzw. Sielenanspannung andererseits.

[?] Was ist über die Kumtanspannung zu sagen?
[!] Sie kommt aus der englischen und westeuropäischen Fahrtradition und bedient sich zur Übertragung der Zugkraft des Pferdes auf die Zugstränge eines kragenartigen Lederkissens. Es heißt Kumt oder Kummet, bei schweren Arbeitsgeschirren auch Hamen. Die Kumtanspannung wird meist auch als englische Anspannung bezeichnet.

[?] Welche Ausrüstung gehört zur Kumtanspannung?
[!] Als Gebisse verwendet man dazu ausschließlich Fahrkandaren mit festem oder gebrochenem Mundstück, als Peitsche nur die Bogenpeitsche.

[?] Was ist zur Brustblattanspannung zu sagen?
[!] Sie kommt aus der ungarischen Fahrtradition und bedient sich zur Kraftübertragung des Brustblattes, auch Sielen genannt. Im Originalstil sind diese Geschirre durch geflochtene Lederriemen -,,Schalanken"- und bunte Bänder reich verziert, bei Mehrspännern mit Glöckchen behangen. Als Gebisse dienen entweder Doppelringtrensen oder die Postkandare. Dazu benutzt man die ungarische Juckerpeitsche

oder eine einfache Stockpeitsche mit langem, glattem Schlag. Man spricht auch von ungarischer Anspannung und bei Verwendung der reich verzierten Originalgeschirre von Jucker-Anspannung.

[?] Wird von der Anspannung auch die Fahrmethode bestimmt?
[!] Zur englischen Anspannung mit Kumten gehörte ursprünglich der englische Fahrstil mit der Kreuzleine, aus dem sich das deutsche Fahrsystem mit der Achenbachleine entwickelt hat. Zur original ungarischen Anspannung gehört die ungarische Fahrleine mit Schnallen am Griffende, den sogenannten „Wiener Fröschen". Damit fährt man im ungarischen Stil. Zur normalen Brustblattanspannung, die in Deutschland für Kutschwagen, in der Landwirtschaft und beim Militär weit verbreitet war, gehören jedoch die Achenbachleine und der deutsche Fahrstil.

[?] Welche anderen Anspannungs- und Fahrstile sind noch erwähnenswert?
[!] In den USA entwickelte sich ein eigener Anspannungsstil in enger Anlehnung an die englische Anspannung – aber auch unter Verwendung von Brustblattgeschirren –, gekennzeichnet durch besonders leichte Geschirre und Wagen, die auf große Schnelligkeit ausgelegt waren. Der Anlehnung an den Trabersport entspricht auch die Verwendung der langen Trabergerte als Fahrpeitsche. Im Gegensatz dazu erscheint der russische Anspannungsstil eher umständlich und verspielt mit vielen Verzierungen, Bändern und Riemen anstelle der Schnallen. Ein- und dreispännig geht das Gabelpferd unter dem Krummholz, der „Djuga". Im übrigen wurde und wird in Rußland sehr schnell gefahren. Der Fahrstil – vornübergeneigt mit ausgestreckten Armen – widerspricht unserer westeuropäischen Auffassung.

[?] Was versteht man unter Stadtanspannung?
[!] Englischer Anspannungsstil mit repräsentativen Kumtgeschirren, zum Teil reich plattiert und auch unter Verwendung von Lackleder hergestellt. Dazu passen englische Wagentypen, meist etwas schwerer gebaut, und Pferde kräftigen Kalibers, sogenannte Karossiers, die in den Farben gut zusammenpassen. Dazu sollte der Fahrer einen dunklen oder grauen Anzug mit Melone oder grauem Zylinder tragen, die Beifahrer klassische Livree.

[?] Was heißt Landanspannung?

[!] Ob Kumt oder Brustblatt weist sie in allem eine schlichtere Verarbeitung auf. Dazu passen alle Jagdwagentypen, Wagonette, Vierrad-Dogcart und für Fahrer wie Beifahrer schlichterer Anzug, zum Beispiel korrekter Reitanzug ohne Sporen. Zur Brustblattanspannung trägt man einen sportlichen Anzug mit weichem Hut. Das Pferdematerial kann auch leichter sein und soll vor allem in der Größe zueinander und zum Wagen passen.

[?] Was gehört zur original ungarischen Anspannung?

[!] Vor typisch ungarischen Wagen leichtere, schnelle Pferde – ,,Jukker'' – in ziemlich beliebiger Farbzusammenstellung, auch Lipizzaner. Fahrer und Beifahrer tragen sportlichen Anzug mit weichem Hut oder ungarische Nationaltracht.

[?] Was versteht man unter Gala-Anspannung?

[!] Prunkvolle Karossen mit entsprechend kräftigen Pferden in überaus

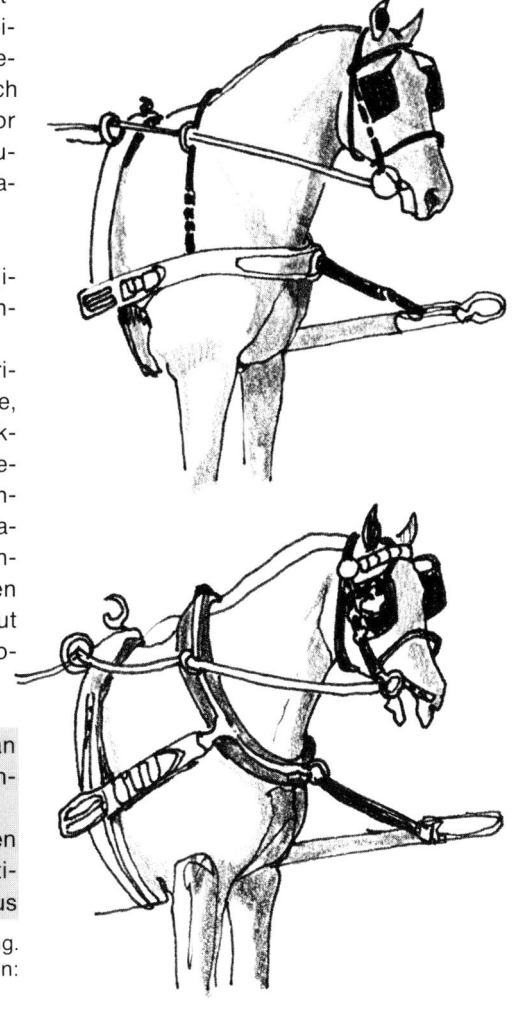

Abb. 33 Landanspannung. Oben: korrekt; unten: schlecht.

aufwendig verzierten, meist reich bestickten Brustblattgeschirren. Später kamen auch Kumtgeschirre mit vergoldeten Beschlägen in Betracht, vor Wagen wie Barouche, Chariot und Landauer etc. Solche Gespanne sind nur von Bediensteten in entsprechender Livree zu fahren.

[?] Werden Gala- und Luxus-Equipagen nur vom Bock gefahren?
[!] Je nach Bauart des Wagens: Barouche, Landauer und Victoria zum Beispiel gibt es auch ohne Bock. Dann wird aus dem Sattel gefahren. Der Fahrer sitzt auf dem links gehenden Sattelpferd und lenkt dieses sowie das rechte Handpferd mit kurzen Zügeln. Man nennt diese Anspannungsart „à la Daumont".

[?] Welches sind die drei verschiedenen Arten, drei Pferde vom Bock zu fahren?
[!] 1. Random mit drei Pferden voreinander;
2. Troika mit drei Pferden nebeneinander;
3. Einhorn mit zwei Pferden nebeneinander und einem Pferd davor.

[?] Welche Fahrzeuge gehören zu diesen Anspannungen?
[!] 1. Zum Random eine hohe zweirädrige Tandem-Cart;
2. zur Troika ein Schlitten oder Vierrad-Wagen mit Schere und Krummholz (Djuga);
3. zum Einhorn vierrädriger Zweispänner-Wagen, Deichsel mit Viererhaken zum Einhängen des Ortscheits für das Vorderpferd.

[?] Wie viele Pferde kann man nach Achenbach höchstens korrekt vom Bock aus fahren?
[!] Einen Sechserzug, bestehend aus zwei Stangenpferden an der Wagendeichsel, zwei Mittelpferden mit der Mitteldeichsel und zwei Vorderpferden.

[?] Wie kann man mit zwei Pferden fahren?
[!] Zweispännig nebeneinander an der Deichsel eines Vierradwagens oder zwei Pferde voreinander – Gabel- und Vorderpferd oder „Leader" – vor hohen Carts als Tandem.

? Wie und vor welche Wagen spannt man ein einzelnes Pferd?

! In der Schere vor zweirädrigen Gigs und Carts oder vierrädrigen Einspännerwagen wie Buggy, Turnierwagen, Damen- und Spider-Phaetons.

? Was versteht man unter einem Juckerzug?

! Fünf Pferde in original ungarischer Anspannung vor einem ungarischen Jucker-Wagen; zwei an der Deichsel nebeneinander, davor drei Pferde nebeneinander.

? Mit welchen Gespannen wurden erstmals Europa- und Weltmeisterschaften ausgetragen?

! Mit Viererzügen in Kumt- oder Brustblattanspannung, zwei Pferde an der Deichsel und zwei davor, jeweils nebeneinander.

Abb. 34 Übersicht der Anspannungsarten. Oben: Einspänner, Tandem, Random, Zweispänner, Einhorn, Troika; unten: Viererzug, Juckerzug, Sechsspänner.

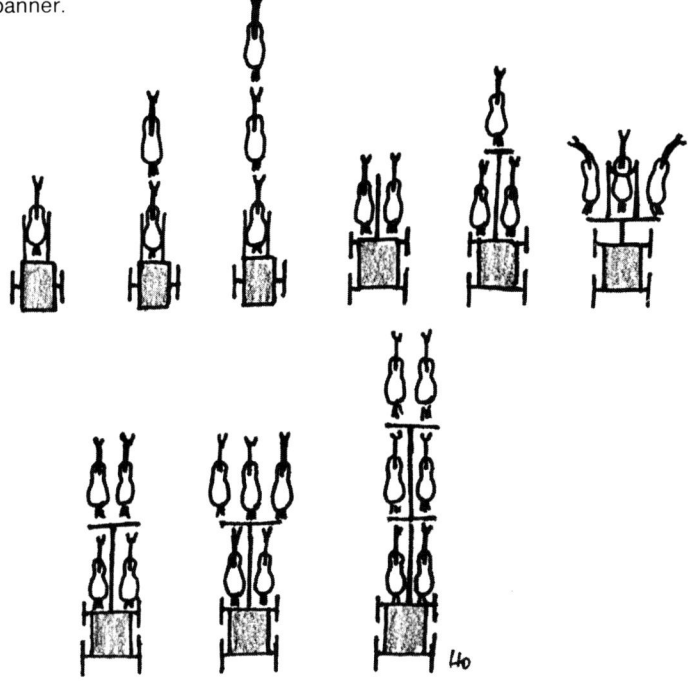

[?] Welches wäre ein typischer Vierspänner-Wagen für die einzelnen Anspannungsstile?

[!] Jucker- oder Esterhazy-Wagen zur original ungarischen Anspannung; eine Wagonette mit hohem Bock für die Landanspannung; ein Mail-Phaeton zur englischen Kumtanspannung.

[?] Welches sind die beiden größten Fehler bei der Zusammenstellung von Turniergespannen?

[!] 1. Starkes Mißverhältnis zwischen der Größe des Wagens und der davor gespannten Pferde;

2. das Mischen verschiedener Anspannungsstile miteinander; also lieber schlicht und einheitlich als aufwendig und unharmonisch.

Wagenkunde

[?] Die Kutschwagen lassen sich, wenn man einmal von Arbeitswagen aller Art absieht, in zwei große Gruppen einteilen. Welche sind das?

[!] Die Wagen der Landanspannung einerseits sowie die Stadt- und Parkwagen andererseits.

[?] Welches sind die wichtigsten Wagen der Landanspannung?

[!] Einspänner: Land-Dogcart, Tonne oder Gouverness-Cart; Zweispänner: Pirschwagen, Jagdwagen, Landratswagen, Stanhope ohne Verdeck;

Zwei- und Vierspänner: Esterhazy-Wagen, Jucker-Wagen, Land-Vis-à-Vis, Vierrad-Dogcart und Wagonette.

[?] In welche beiden Gruppen lassen sich wiederum die Stadt- und Parkwagen unterteilen?

Rechts oben: Tandem-Cart, der vielseitige Einachser für englische Anspannung, ist einspännig, als Tandem oder als Random zu fahren. Der Wagenkasten ist – je nach Zahl der Personen – in Längsrichtung verstellbar.
Rechts unten: Spider-Phaeton, das elegante Ein- und Zweispänner-Fahrzeug englischen Stils. Aus diesem klassischen Wagentyp entstand später unter Anlehnung an den amerikanischen Buggy der Turnier- oder Schauwagen.

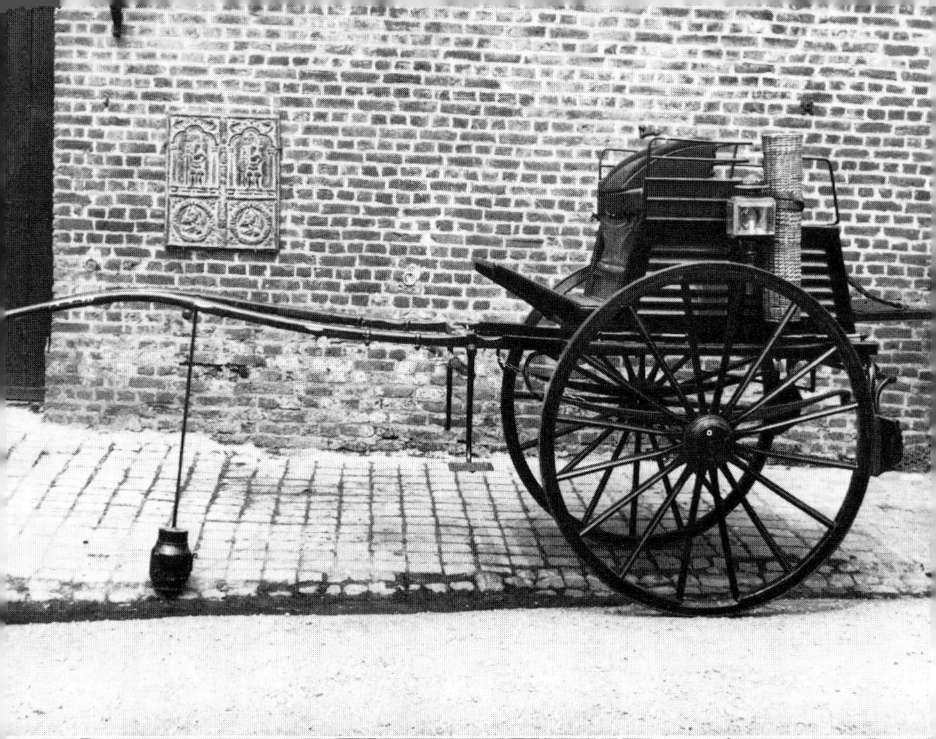

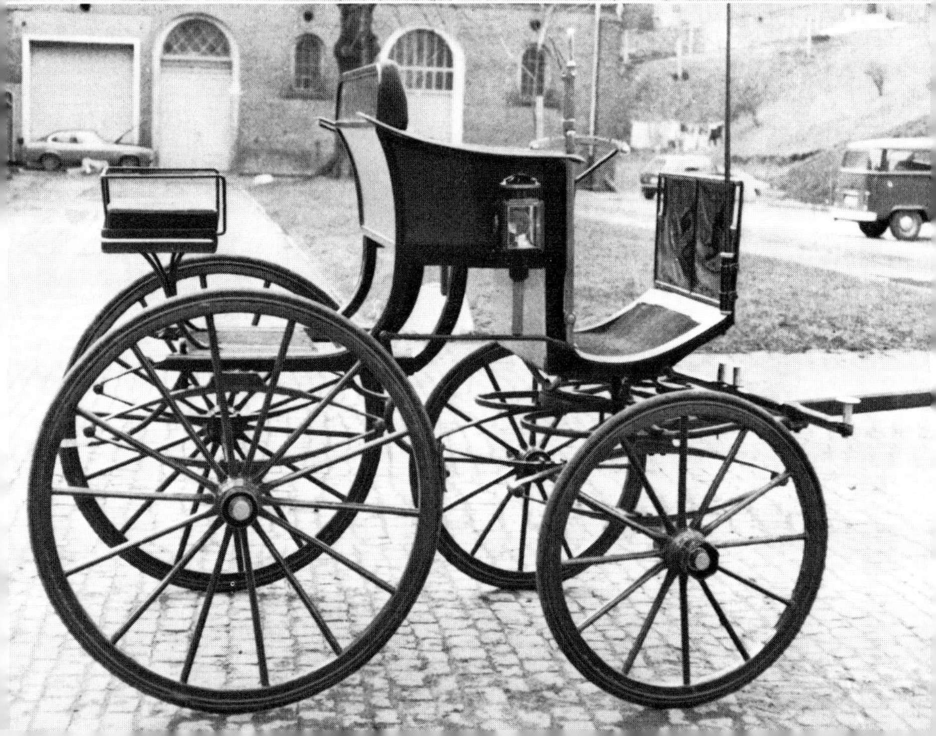

Seite 78 oben: Die Coach, einst der beliebteste englische Vier- und Sechsspännerwagen, ist heute eine Rarität. Typisch sind Langbaum und Parallelogramm-Federn, für die private „Drag" der leichte Rücksitz ohne Lehnen.
Seite 78 unten: Stanhope-Phaeton mit Verdeck für Zweispänner in englischem Geschirr. Im Vergleich zum Mail-Phaeton ist dieses Fahrzeug leichter gebaut, hat keinen Langbaum und an beiden Achsen Doppel-Druckfedern.

Seite 79 oben: Jagdwagen, meist in Naturholz-Lackierung, sind ideal für Landanspannung mit Kumt oder Brustblatt. Typisch ist die „Wildbrücke" hinten. Dieser leichte Viersitzer ist ein- oder zweispännig zu fahren.
Seite 79 unten: Die Break kann zwei- oder vierspännig mit Kumten – auch in Landanspannung – gefahren werden. Wagonetten sind ähnlich, aber leichter und eleganter, mit dem Bock deutlich hinter dem Drehkranz.

! In Fahrzeuge, die traditionsgemäß nur vom Kutscher gelenkt werden und die Wagen, die vom Herrn zu fahren sind. Nur letztere sollten vom Amateur als Turnierfahrzeug eingesetzt werden.

? Wie heißen die wichtigsten Wagentypen, die nur vom Kutscher zu fahren sind?
! Alle Gala-Equipagen, Barouche, Landauer, Victoria, alle Coupé-Typen und Omnibus.

? Welches sind die wichtigsten Selbstfahrer-Wagen für englische Kumt- bzw. Stadtanspannung?
! Zweirädrig: Gig, Tilbury, Dogcart, Tandem-Cart;
Vierrädrig: Buggy, Damen-Phaeton, Spider-Phaeton, Stanhope-Phaeton und Demi-Mail-Phaeton;
für Zwei- und Vierspänner: Mail-Phaeton, Break, Char-à-bancs; Mail-Coach, Park-Coach oder Drag, die beiden letzteren nur vierspännig.

? Welches sind die wichtigsten Gesichtspunkte bei der Auswahl des geeigneten Fahrzeugs?
! Zunächst Harmonie mit Größe und Typ der vorzuspannenden Pferde; von gleicher Bedeutung sind Leichtgängigkeit und leichte Lenkbarkeit. Die letzteren Anforderungen werden am besten von kurz gebauten Wagen mit hohen Rädern erfüllt.

? Weshalb ist die Höhe der Räder von großer Bedeutung?

■ Je größer der Raddurchmesser, desto leichter können die Pferde den Wagen über Bodenunebenheiten und kleine Hindernisse hinwegziehen.

? Was ist für die gute Beherrschung des Gespanns durch den Fahrer wichtig?
■ Der Bock soll so hoch gebaut sein, daß die Leinen aus der Hand des Fahrers direkt in die Leinenringe der Stangenpferde bzw. des Gabelpferdes laufen, ohne auf der Kruppe der Pferde aufzuliegen. Das ist für Vier- und Mehrspänner besonders wichtig; erforderlichenfalls ist ein höheres Bockkissen zu verwenden. Gute Funktion und leichte Bedienbarkeit der Bremse sind ebenfalls zu beachten.

? Was ist zur Bedienung der Bremse zu sagen?
■ Am praktischsten ist der Zughebel. Die Druckbremse ist besonders ungünstig. Die Kurbelbremse erfordert zwar zuviel Zeit, läßt sich aber fein abstimmen und ist im bergigen Gelände besonders sicher. In allen Fällen sollte die Bedienung der Bremse aus der normalen Haltung des Fahrers ohne Bücken möglich sein, weil der Fahrer beim Vorbeugen mit der Hand nachgibt und die Pferde somit zulegen. Eine Fußbremse ist für Turnierfahrzeuge ideal, muß aber durch eine feststellbare Hand-

Abb. 35 Bremsvorrichtungen. Von links: Hemmschuh, Zugbremse, Druckbremse.

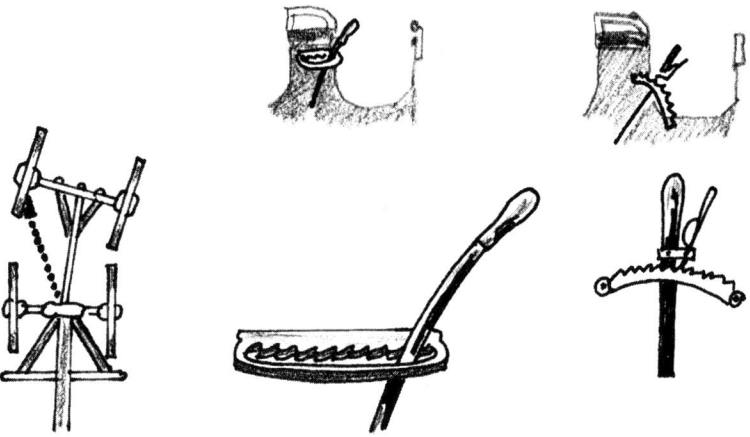

Abb. 36 Die wichtigsten Federungen.

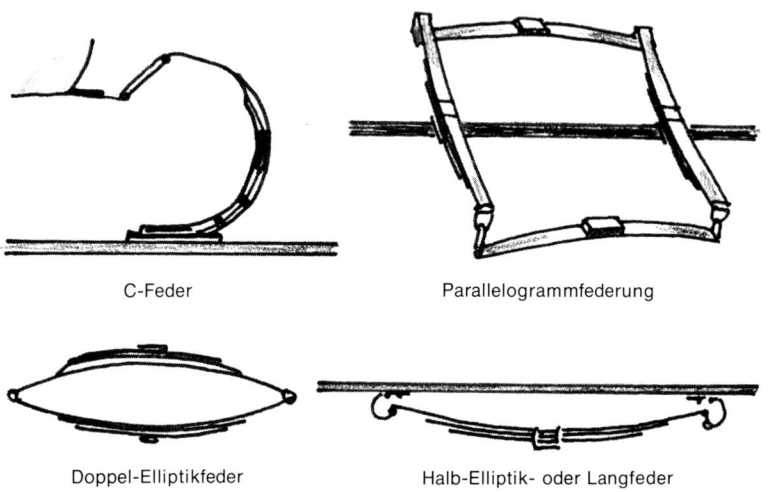

C-Feder   Parallelogrammfederung

Doppel-Elliptikfeder   Halb-Elliptik- oder Langfeder

bremse ergänzt werden. Im Gebirge gehört außerdem ein Hemmschuh zur Ausrüstung des Wagens.

[?] Wie soll die Spurbreite sein?

[!] Möglichst breit, für Turnierwagen aber nicht über 160 cm. Vorder- und Hinterräder sollen die gleiche Spurbreite aufweisen.

[?] Was ist beim Zustand des Wagens zu beachten?

[!] Lenkkranz und Radnaben sollen nicht ausgeschlagen und stets gut geschmiert sein. Die Lackierung muß nicht neu sein, aber stets in Ordnung gehalten werden. Zum Turnierfahrzeug gehören neben den vom Gesetzgeber vorgeschriebenen Rückstrahlern zwei zum Fahrzeug passende Kutschlampen mit Kerzen sowie Reserveteile.

[?] Wie muß die Deichsel beschaffen sein?

[!] Die Länge ist dann richtig, wenn die Deichselbrille – mit beweglich gelagerten Ringen – bei hingegebener Leine senkrecht unter den Pferdenasen endet. Die Höhe soll der des Oberarms der Pferde entsprechen, bei mittelgroßen Pferden also etwa 105 cm über dem Boden.

?⃞ Was ist wichtig bei der Pflege des Wagens?

❗ Er soll stets im Schatten, luftig, aber nicht zu trocken stehen. Nach jeder Verschmutzung ist der Wagen sofort gründlich zu waschen. Das geschieht mit reichlich Wasser, aber ohne das Fahrzeug durch Abspritzen mit einem Schlauch zu überschwemmen. Anschließend ist der Wagen sorgfältig abzutrocknen. Unlackierte Metallteile sind mit geeigneten Putzmitteln zu pflegen. Klappverdecke sollten in nassem Zustand nie zusammengeklappt werden.

?⃞ Wie schwer darf ein Wagen beladen werden?

❗ Das Gewicht des vollbeladenen Wagens soll in der Ebene bei guten Straßen das dreifache Körpergewicht der vorgespannten Pferde nicht überschreiten. Auf dem Turnierplatz, auf schlechten Straßen oder im bergigen Gelände sollte das Gewichtsverhältnis auf 2 : 1 begrenzt werden. Auf sehr schlechten Wegen, tiefem Acker oder Sand und im Gebirge sinkt das Gewichtsverhältnis auf 1 : 1.

Geschirrkunde

?⃞ Woraus besteht ein Zweispänner-Brustblattgeschirr?

❗ Brustblatt mit Aufhaltering, Halsriemen mit einem Leinenauge außen, Halskoppel, Kammdeckel mit Aufsatzhaken, Leinenschlüsseln und Fallring für den Schweifriemen, Oberblattstrupfen und Oberblattstößel, großem und kleinem Bauchgurt, Schweifriemen mit angenähter Schweifmetze, Stränge.

?⃞ Woraus besteht ein Zweispänner-Kumtgeschirr?

❗ Das Kumt setzt sich zusammen aus Kumtkissen, Kumtbügel mit beweglichen Leinenaugen, Kumtgürtel, Kumtschloß, bestehend aus Langring mit Aufhaltering, Zugkrampen, Strangstutzen mit Zugösen, Sprungriemen; sonst wie beim Brustblattgeschirr.

?⃞ Was ist für das Passen der Kumte wichtig?

❗ Das Kumtkissen muß der Form des Pferdehalses genau entsprechen. Es soll daher eher Birnen- als Eiform besitzen.

Abb. 37 Zweispänner-Brustblattgeschirr

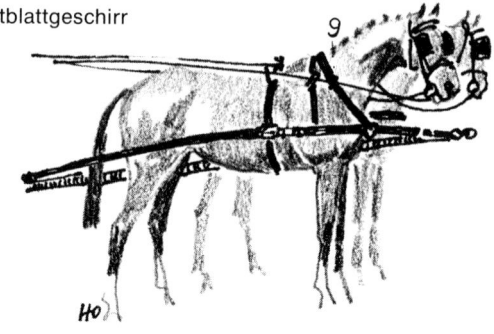

1 Brustblatt mit Aufhaltering
2 Halsriemen mit Leinenauge
   außen
3 Kammdeckel mit zwei Leinenschlüsseln, Fallring und Aufsatzhaken
4 Oberblattstrupfe und Oberblattstößel
5 großer Bauchgurt
6 kleiner Bauchgurt
7 Bauchgurtstrupfen
8 Schweifriemen mit Schweifmetze
9 Halskoppel

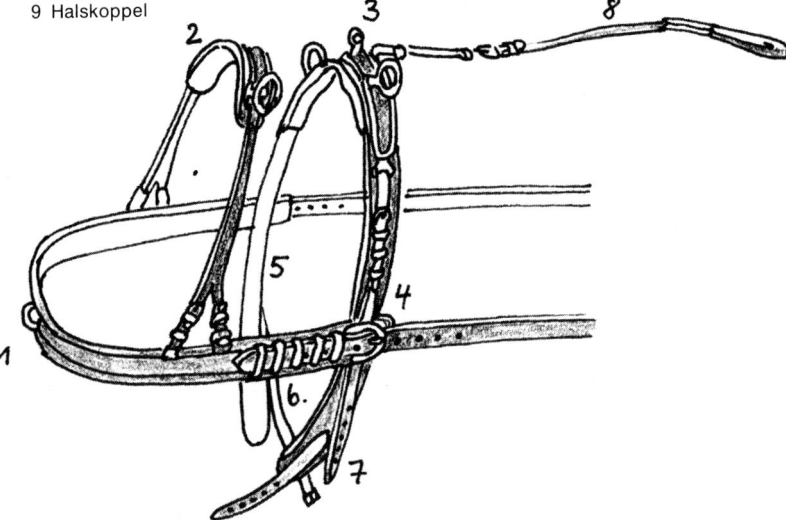

Abb. 38 (rechts) Zweispänner-Kumtgeschirr

1 Scheuklappen	13 Kumtkissen	24 Kammdeckelschlüssel
2 Blendriemen	14 Kumtbügel	25 feststehendes Leinen-
3 Blendriemenschnalle	15 Leinenauge	auge
4 Rosette	16 Zugkrampe	26 Oberblattstrupfe
5 Kehlriemen	17 Kumtgürtel	27 großer Bauchgurt
6 Backenstück	18 Strangstutze	28 Fallring
7 Nasenriemen	19 Strangstutzenschnalle	29 Schweifriemen
8 Kandare	20 Oberblattstößel	30 Schweifmetze
9 Aufhalter	21 kleiner Bauchgurt mit	31 Strang
10 Deichselbrille	Strupfe	32 Leine
11 Aufhaltering	22 Sprungriemen	
12 Langring	23 Kammdeckel	

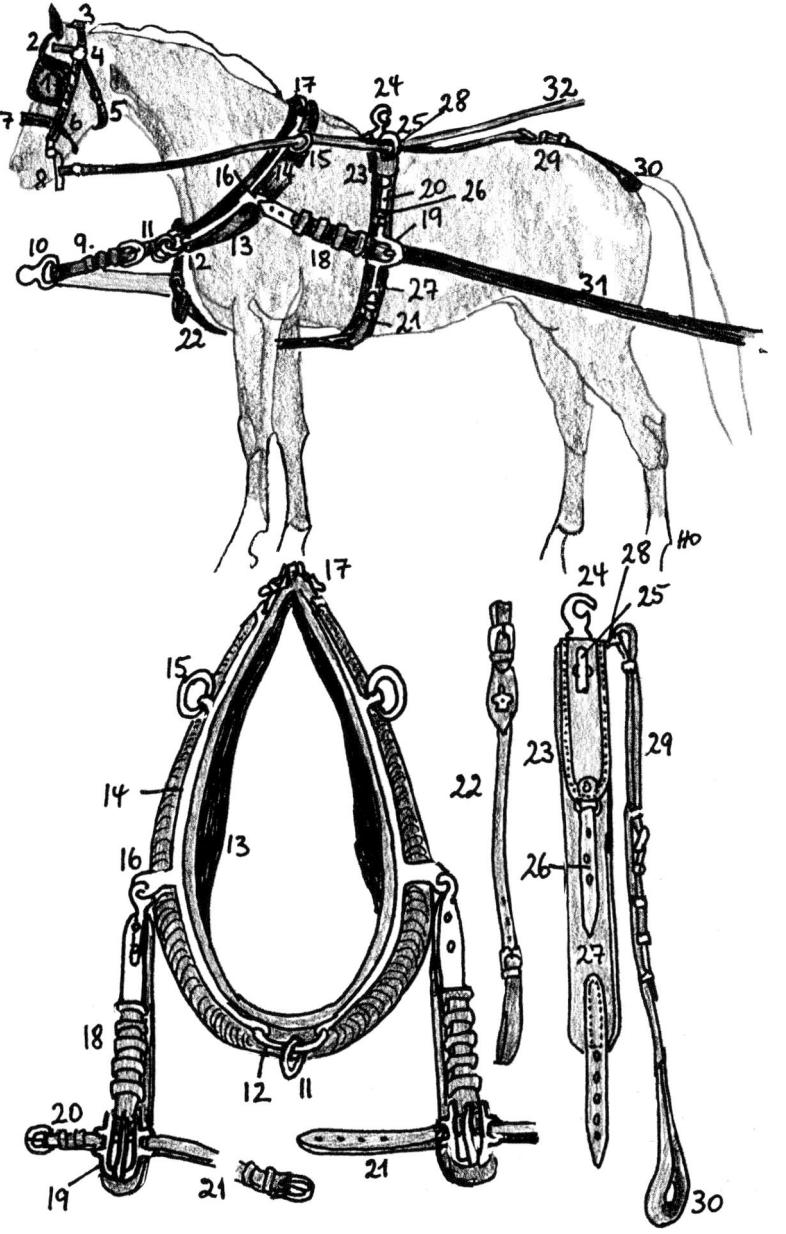

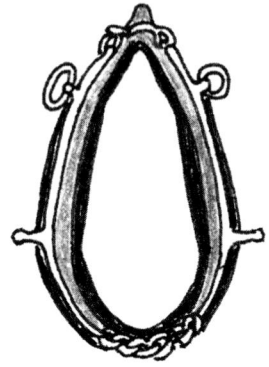 

Abb. 39 Kumtformen. Links: englisches Kumt – anatomisch richtig; rechts: deutsches Kumt – eiförmig.

⑦ Wie unterscheiden sich Rechts- und Linksgeschirre?

❗ Die Bauchgurtschnallen werden stets von außen geschnallt. Bei Brustblattgeschirren sind die Aufhalteringe nicht in der Mitte des Brustblattes aufgenäht, sondern etwas nach innen zur Deichsel hin versetzt, und auf der Innenseite des Halsriemens befindet sich kein Leinenring. Die äußeren Stränge sind jeweils 2 – 3 cm länger als die inneren und sind zur Unterscheidung vorn spitz gearbeitet, die Innenstränge sind vorn glatt abgeschnitten.

⑦ Was bedeutet beim Zweispänner „außen und innen"?

❗ Innen ist die jeweils der Deichsel zugekehrte Seite, die andere ist außen. In den Wendungen ist das rechte Pferd rechtsherum das innere und umgekehrt.

⑦ Woraus besteht ein Einspänner-Geschirr?

❗ Kumt wie beim Zweispänner, jedoch mit Schlußkette anstelle des Langrings und ohne Aufhaltering. Auch beim Einspänner-Brustblattgeschirr fehlt der Aufhaltering, der Halsriemen ist mit zwei Leinenaugen versehen, und der Halskoppelriemen entfällt; Selette mit Bauchgurt, Tragegurt und Ledertrageaugen bzw. eiserner Trageöse, Fallring und Leinenschlüssel; Schweifriemen mit Schweifmetze, Schlagriemen oder Umgang mit Scherenriemen als Hintergeschirr, Stränge.

? Wann sind Ledertrageaugen zu verwenden und wann eiserne Trageösen?

! Zum zweirädrigen Wagen gehören Ledertrageaugen mit einem Tragegurt, der sich in der Selette hin- und herziehen läßt. Bei vierrädrigen Einspänner-Wagen verwendet man eiserne Trageösen an festem Tragegurt.

? Wie setzt sich ein korrekter Fahrzaum zusammen?

! Genickstück mit Schnalle für den gabelförmigen Blendriemen und den Spieler; Stirnriemen und Rosetten; Backenstücke mit Scheuklappen; Kehlriemen; Nasenriemen; Doppelringtrense oder Fahrkandare mit Kinnkette.

? Wie muß der Nasenriemen beschaffen sein?

! Er hat vier Durchlässe für die Backenstücke, um das Gebiß in der richtigen Lage zur Maulspalte zu halten. Beim Zweispänner-Fahrzaum

Abb. 40 Maße der Stränge für die englische Anspannung. Von oben: äußerer und innerer Vorderstrang, äußerer und innerer Strang des Stangenpferdes.

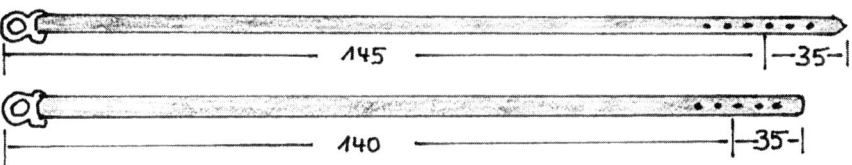

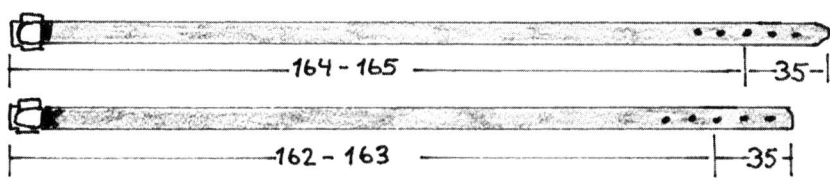

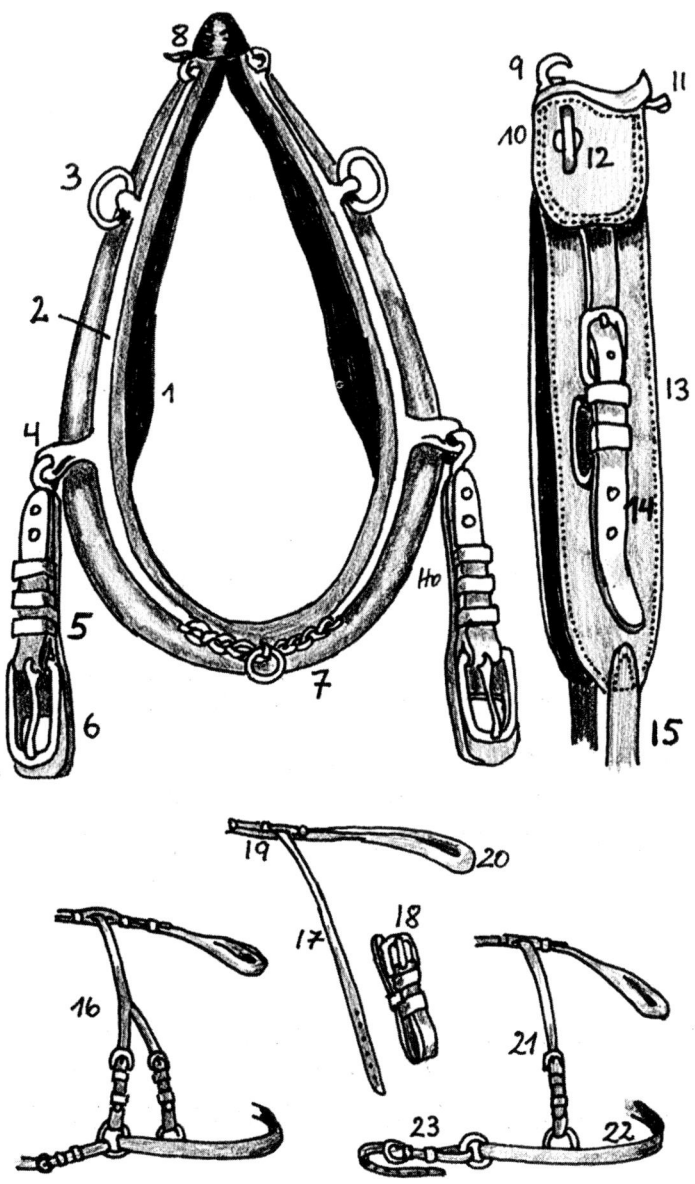

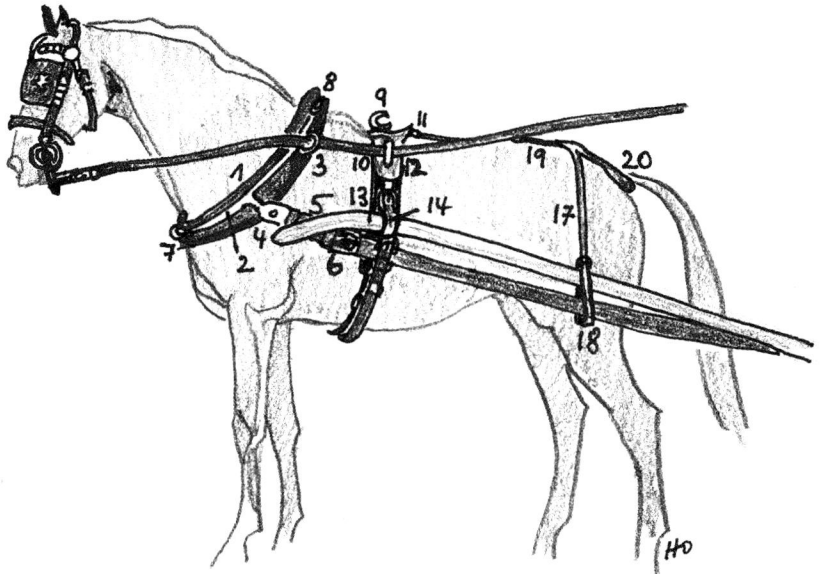

Abb. 41 Einspänner-Kumtgeschirr

1 Kumtkissen
2 Kumtbügel
3 Bewegliches Leinen-
  auge
4 Zugkrampe
5 Kurze Strangstutze des
  Einspännergeschirrs
6 Strangstutzenschnalle
7 Schlußkette des Ein-
  spänner-Kumtbügels

8 Kumtgürtel   (Strupfe
  zeigt nach rechts)
9 Aufsatzhaken
10 Kammer
11 Fallring für Schweif-
   riemen
12 Leinenschlüssel
13 Selette
14 Tragegurt
15 Bauchgurt

Hintergeschirre:

16 Hintergeschirr für Coupé und Victoria
17 Schlagriemen für Einspänner
18 Schlagriemenstößel
19 Schweifriemen
20 Schweifmetze

21 Hintergeschirr für Dogcart, Tandem,
   Buggy Gig
22 Umgang
23 Scherenriemen

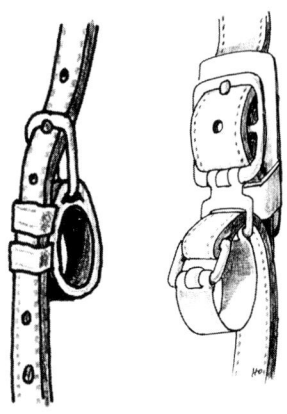

Abb. 42 Links: Ledertrageauge; rechts: eiserne Trageöse.

befinden sich drei Durchlässe auf der Innenseite, auf der Außenseite nur einer. Beim Einspänner-Fahrzaum befinden sich auf jeder Seite zwei Durchlässe.

?⃞ Wozu dient der Spieler?
❗ Er soll bei Pferden mit unterschiedlichen Abzeichen von vorne einen einheitlicheren Eindruck erzielen.

?⃞ Wie unterscheidet man den rechten Fahrzaum vom linken?
❗ An der Lage der Durchlässe im Nasenriemen und daran, daß dessen Strupfe stets nach innen weist. Außerdem sollte außen je eine Rosette angebracht sein.

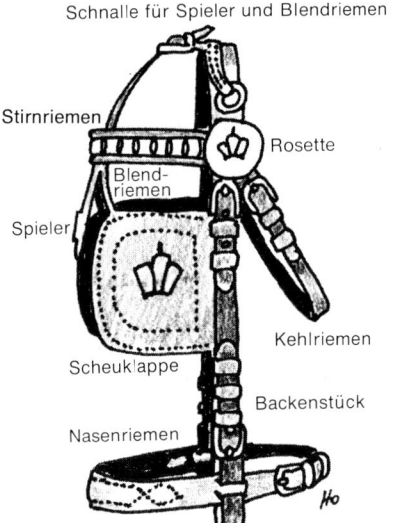

Schnalle für Spieler und Blendriemen

Stirnriemen
Blend-riemen
Rosette
Spieler
Scheuklappe
Kehlriemen
Backenstück
Nasenriemen

Abb. 43 Korrekter Fahrzaum mit modernem Nasenriemen.

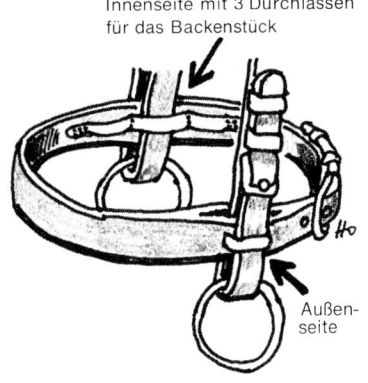

Innenseite mit 3 Durchlässen für das Backenstück

Außenseite

Abb. 44 (rechts) Fahrzaum für Viererzug-Stangenpferde mit korrekt von hinten in den Kehlriemen eingeschnalltem Viererring.

Abb. 45 (unten) Mittelschlüssel für die Vorderleinen zum Aufschrauben auf den Kammdeckel der Stangenpferde – praktischer ist eine Scharnierbefestigung.

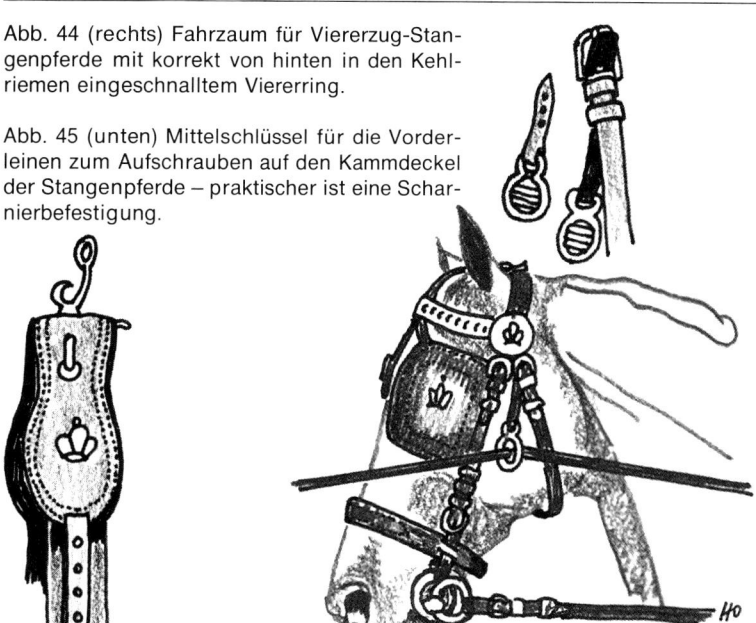

[?] Woran erkennt man beim Viererzuggeschirr, ob es sich um die Fahrzäume der Vorder- oder der Stangenpferde handelt?
[!] Am Fahrzaum der Stangenpferde ist in die äußere Kehlriemenschnalle ein Viererzugring von rückwärts eingeschnallt.

[?] Wie unterscheiden sich beim Viererzug die Geschirre für Stangen- und Vorderpferde?
[!] Am Kammdeckel der Stangenpferde ist anstelle des Aufsatzhakens ein Mittelschlüssel zur Führung der Vorderleinen eingeschraubt. Bei Kumtgeschirren für Stadtanspannung sind am Ende der Vorderstränge keine Aufziehringe, sondern stählerne Ösen. Die Außenstränge sind ebenfalls spitz zugeschnitten und ca. 5 cm länger als die Innenstränge. Bei Brustblattgeschirren können für die Vorderpferde die Halskoppelriemen entfallen.

Pflege der Geschirre

[?] Wie soll das Lederzeug aufbewahrt werden?

[!] Das Lederzeug sollte möglichst nicht im Stall, sondern in einer Geschirrkammer aufbewahrt werden: Einmal schadet der Stalldunst dem Leder, zum anderen können Pferde, die sich losgemacht haben, großen Schaden daran anrichten.

[?] Wie wird das Lederzeug gereinigt und gepflegt?

[!] Alle Geschirrteile, die auf dem Pferd aufgelegen haben oder sonst verschmutzt sind, sollen sofort nach dem Gebrauch gereinigt werden. Schweiß und nasser Schmutz werden mit einem Schwamm und lauwarmem Wasser unter Verwendung von Sattelseife abgewischt. Einmal wöchentlich sollte das völlig zerlegte Geschirr und alles übrige Lederzeug mit Lederfett behandelt werden. Lackleder wird lediglich mit einem weichen Lappen abgerieben.

[?] Was ist bei den Leinen zu beachten?

[!] Die Handenden aller Leinen sind nicht mit Sattelseife zu behandeln, damit sie bei Regen nicht glitschig werden. Um sie geschmeidig zu erhalten, pflegt man sie mit einer guten Ledercreme oder -emulsion.

[?] Wie werden die Metallteile behandelt?

[!] Stahlsachen, wie Gebisse und Aufhalteketten, wirft man sofort nach Gebrauch in einen Eimer mit Wasser. Anschließend sind sie sorgfältig abzutrocknen. Alle Schnallen und Beschläge am Geschirr werden – je nach Material – mit handelsüblichen Reinigungsmitteln geputzt. Dabei sind die Lederteile mit Papp- oder Ledermanschetten vor den Metallputzmitteln zu schützen.

Leinen und Gebisse

[?] Was versteht man unter der Lenkung eines Gespanns?

[!] Fahrleine, Gebisse, Deichsel bzw. Scherbäume und der Lenkschemel des Wagens bilden zusammen die Lenkung.

[?] Wie heißen die gebräuchlichsten Leinen für Zweispänner?

Abb. 46 Maße der Achenbach-Leine. Ganze Länge der Außenleine: 4,50 m, Innenleine von Kreuzschnalle bis Schnallstrupfe: 3,02 m.

! Die Strick- oder Ackerleine, die einfache Kreuzleine, die ungarische oder Wiener Leine und die Achenbach-Leine.

? Was ist der wesentlichste Unterschied zwischen einer einfachen Kreuzleine und der Achenbach-Leine?

! Die Kreuzschnalle der Achenbach-Leine liegt im Gebrauch kurz vor der Hand des Fahrers. Dadurch kann die Verschnallung der Leine ohne Absitzen erfolgen, bei einigem Geschick sogar während der Fahrt.

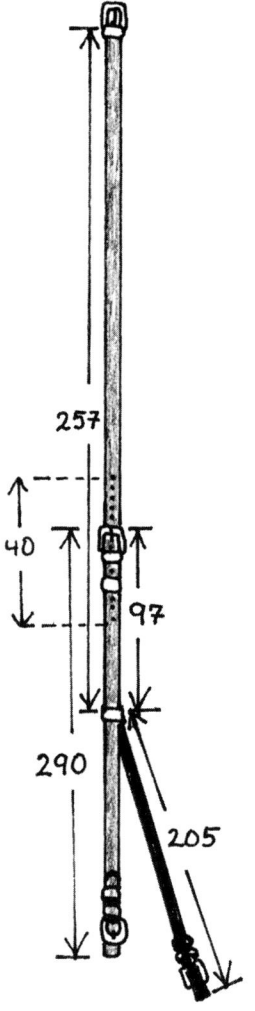

257

40

97

290

205

? Was soll das Verschnallen der Leine bewirken?

! Gebäudeunterschiede der Pferde, also Größe, Halslänge etc., Verschiedenheiten im Temperament und die Verteilung der Arbeitslast können durch das Verschnallen ausgeglichen bzw. reguliert werden.

? Wie ist eine Achenbach-Leine beschaffen?

! Sie besteht aus zwei durchgehenden, rund 4,50 Meter langen Außenleinen und zwei darauf verschnallbaren Innenleinen. Auf jeder Außenleine befinden sich elf ovale Löcher im Abstand von je 4 cm. Die Länge der Außenleinen vom mittleren (6.) Loch bis zum Pferdemaul beträgt 2,90 Meter, die Länge der Innenleinen oder Kreuzstücke 3,02 Meter. Die Handstücke der Außenleinen werden am Ende durch eine Schnalle und eine Strupfe verbunden. An den Kreuzschnallen der Innenleinen angenähte Lederstücke, die sogenannten Leinenschoner,

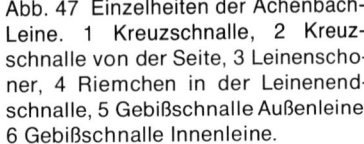

Abb. 47 Einzelheiten der Achenbach-Leine. 1 Kreuzschnalle, 2 Kreuzschnalle von der Seite, 3 Leinenschoner, 4 Riemchen in der Leinenendschnalle, 5 Gebißschnalle Außenleine, 6 Gebißschnalle Innenleine.

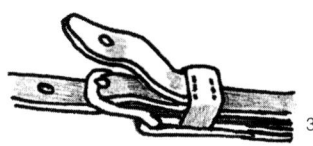

verhindern Druckstellen auf den Außenleinen. Je eine Schlaufe an den Innenleinen, etwa 95 cm vor den Kreuzschnallen, halten Innen- und Außenleinen zusammen. Die Umschnallstrupfen der vier Gebißschnallen haben nur je ein Schnall-Loch. Zwei dieser Schnallen sind an der – glatten – Haarseite der beiden Außenleinen aufgenäht, während die zwei anderen an der – rauhen – Fleischseite der beiden Innenleinen aufgenäht sind.

⌊?⌋ Weshalb sind die normal geschnallten Innenleinen um 12 cm länger als die Außenleinen? ❗ Weil die Innenleinen über Kreuz zum jeweils anderen Pferd hinüberlaufen, haben sie den längeren Weg.

Haarseite

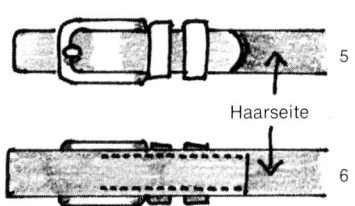

⌊?⌋ Sind die genannten Maße der Achenbach-Leine in jedem Fall verbindlich? ❗ Nur für Großpferde. Für Kleinpferde und Ponys müssen Achenbach-Leinen mit entsprechend kleineren Abmessungen angefertigt werden.

⌊?⌋ Wie unterscheidet man die rechte von der linken Leine?

█ Die Leine mit der Schnalle am Handende ist stets die linke, die mit der Strupfe ist die rechte Leine.

?│ Weshalb ist die Unterscheidung so wichtig?
█ Wenn die Leinen für zwei bestimmte Pferde richtig verschnallt sind, kommt beim nächsten Anspannen gleich die entsprechende Leine auf das richtige Pferd.

?│ Was versteht man unter Grundschnallung?

Abb. 48 Beispiele
für das Leinen-
verschnallen.

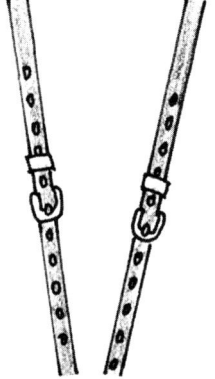

Grundschnallung 10
gleichartige mittelgroße Pferde

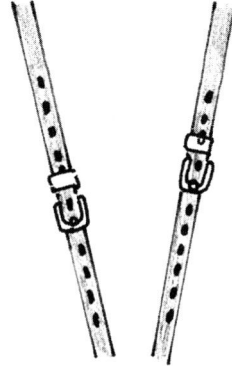

Grundschnallung 10
mittelbreite Pferde
rechtes Pferd 1 Loch zurück

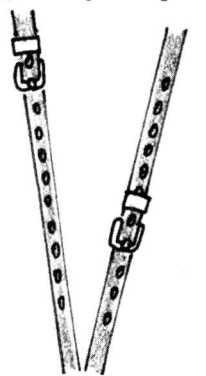

Grundschnallung 12
breite Pferde
linkes Pferd 3 Loch zurück

Grundschnallung 8
schmale Pferde
rechtes Pferd 2 Loch zurück

⚠️ Bei gleichartigen, mittelgroßen Pferden sind die Innenleinen ins mittlere Loch der Außenleinen geschnallt, also das 6. Loch vom Fahrer aus gesehen. Bei großen, breiten Pferden oder tragenden Stuten nimmt man das 7. oder 8. Loch, bei kleinen schmalen Pferden das 5. Loch. Für Pferde der jeweiligen Größenordnung ist dies immer die Grundschnallung.

❓ Wie wird die Grundschnallung zum Ausdruck gebracht?

⚠️ Man zählt alle freien Löcher zwischen der Hand des Fahrers und beiden Kreuzschnallen zusammen und spricht von Grundschnallung 10 bei mittelgroßen Pferden, von Grundschnallung 12 oder 14 bei entsprechend großen Pferden und von Grundschnallung 8 bei kleinen bzw. schmalen Pferden.

❓ Wie ist nun der Temperamentsausgleich vorzunehmen, wenn z.B. das linke Pferd heftig, das rechte dagegen eher faul wäre?

⚠️ Dazu ist die Innenleine zum linken Pferd auf der rechten Außenleine um ein oder mehrere Löcher zurückzuschnallen. Gleichzeitig muß die Innenleine zum rechten Pferd um ebenso viele Löcher vorgeschnallt werden. So wird das linke Pferd zurück-, d.h. aus dem Zug genommen,

Abb. 49 Schematische Darstellung des Leinenverschnallens.

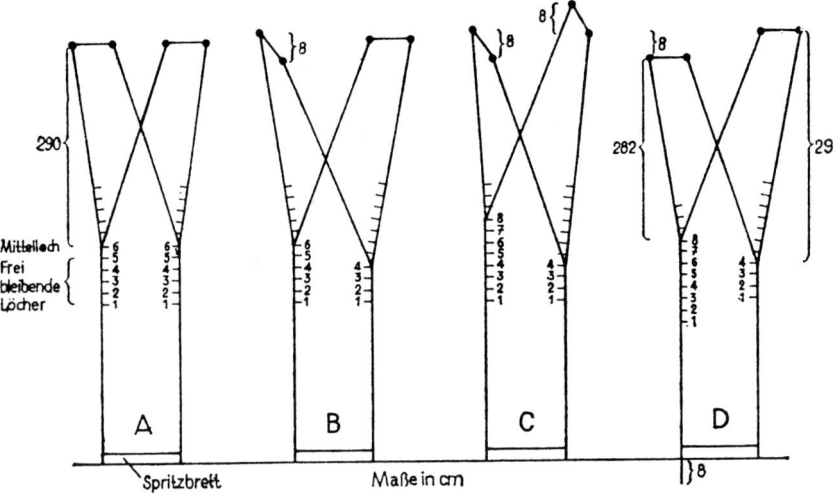

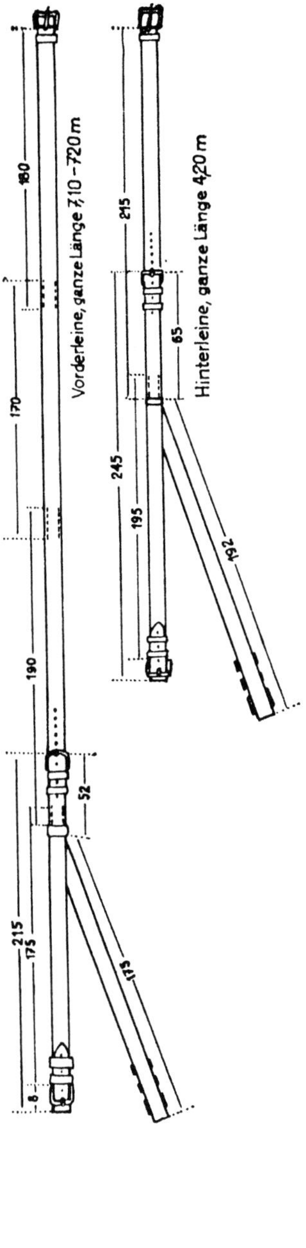

Abb. 50 Maße der Viererzugleine.

damit es sich beruhigt, und gleichzeitig wird dem rechten Pferd mehr Arbeitsleistung zugeteilt.

[?] Was würde geschehen, wenn nicht auf jeder Seite stets die gleiche Zahl von Löchern vor- bzw. zurückgeschnallt würde?
[!] Man würde den Pferden eine falsche Kopfstellung geben.

[?] Was muß also beim Verschnallen zum Temperaments- bzw. Arbeitsausgleich immer beachtet werden?
[!] Die vorher vorhandene Summe der freien Löcher zwischen der Hand des Fahrers und der Schnalle muß immer erhalten bleiben. Wurde also entsprechend der Pferdegröße Grundschnallung 10 benutzt und das linke Pferd um zwei Loch zurückgenommen, sind auf der rechten Außenleine noch drei freie Löcher, auf der linken jedoch sieben. Damit blieb die Grundschnallung 10 beibehalten.

[?] Wovon muß man sich überzeugen, bevor zum Arbeitsausgleich verschnallt wird?
[!] Ob ein zurückbleibendes Pferd überhaupt an den Leinen steht und im Zug ist. Hängen Leinen und Stränge durch, muß eine Peitschenhilfe gegeben werden.

[?] Wie sieht eine Einspännerleine aus?
[!] Wie die Außenleine einer Zweispännerleine, jedoch ohne Verschnall-Löcher.

?️ Wie sind die Maße der Vierspänner-Vorderleine?

❗ Die Außenleinen sind 7,20 – 7,50 Meter lang. Der Abstand zwischen Schnallstrupfen und mittlerem Loch beträgt 2,15 Meter. Die Innenleine ist 2,27 Meter lang.

?️ Wie unterscheidet sich die Hinterleine eines Viererzuges von der Zweispännerleine?

❗ Die Außenleinen sind mindestens 4,20 Meter lang, und der Abstand zwischen Schnallstrupfen und mittlerem Loch beträgt 2,45 Meter. Dementsprechend sind die Innenleinen 2,57 Meter lang. Es kann je nach Wagen auch eine Zweispännerleine verwendet werden.

?️ Wie ist eine Tandem-Vorderleine beschaffen?

❗ Wie die Außenleinen einer Viererzug-Vorderleine, jedoch ohne Verschnall-Löcher.

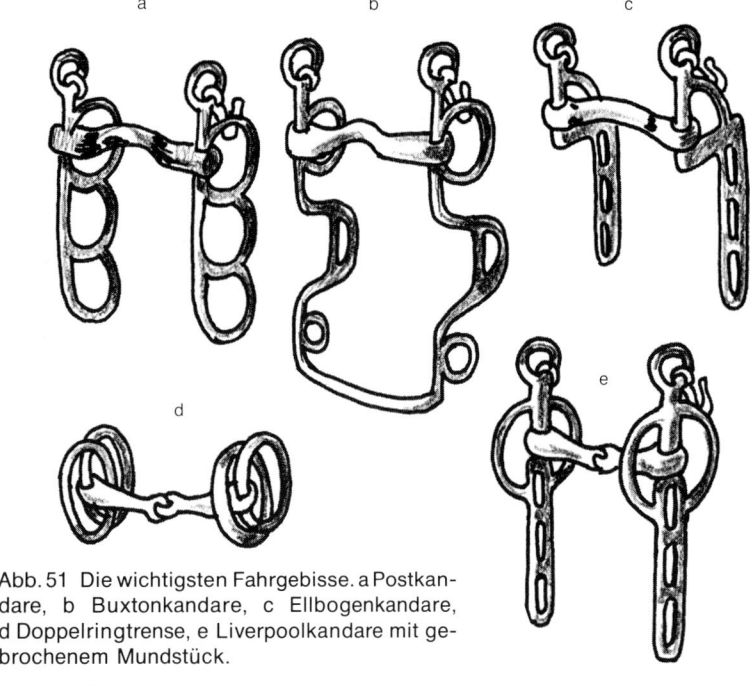

Abb. 51 Die wichtigsten Fahrgebisse. a Postkandare, b Buxtonkandare, c Ellbogenkandare, d Doppelringtrense, e Liverpoolkandare mit gebrochenem Mundstück.

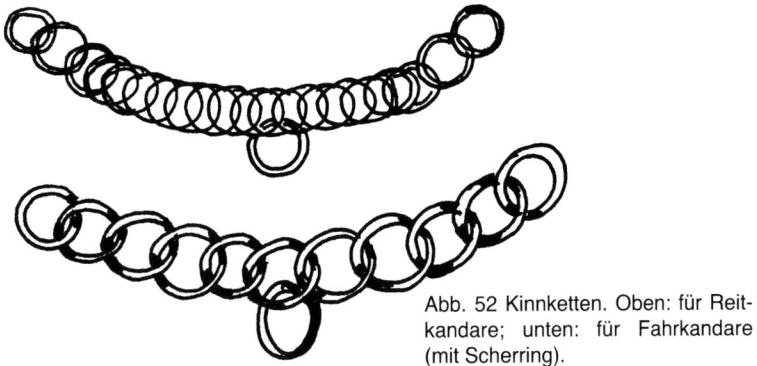

Abb. 52 Kinnketten. Oben: für Reit-
kandare; unten: für Fahrkandare
(mit Scherring).

[?] Was ist allgemein über das Gebiß zu sagen?
[!] Das Gebiß ist der Schlüssel zum Maul des Pferdes und in der
richtigen Wahl erweisen sich Erfahrung und Kunst des Fahrers.

[?] Welches sind die wichtigsten Fahrgebisse?
[!] Zur Kumtanspannung die Liverpool-Kandare, die Ellbogen-Kandare, die Buxton-Kandare;
zur Brustblattanspannung Doppelringtrense oder Postkandare.

[?] Welche Mundstücke gehören zu welchem Gebiß?
[!] Zu allen Kandaren normalerweise ein starres Mundstück mit mehr
oder weniger großer Zungenfreiheit. Zulässig sind aber auch gebrochene Trensenmundstücke in Kandaren sowie starre oder elasti-
sche Gummimundstücke für Kandaren und für Trensengebisse.
Dadurch kann der Fahrer individuell auf Maulschwierigkeiten seiner
Pferde eingehen, ohne äußerlich die Stilgrundsätze zu verletzen.

[?] Welche Kandare hat sich in der Praxis besonders bewährt?
[!] Die Ellbogen-Kandare, weil das Pferd die Kandarenbäume nicht wie
bei der Liverpool-Kandare mit den Lippen erfassen kann.

[?] Was gehört grundsätzlich zur Kandare?
[!] Die richtige Fahr-Kinnkette, die sich von der für Reitkandaren
durch Zahl, Größe und Anordnung der Kettenglieder deutlich unterscheidet.

⟨?⟩ Welche Gebisse sind für die Teilnahme an Turnieren vorgeschrieben?

⟨!⟩ Im Anhang der LPO sind alle für den Turniersport zugelassenen Gebisse abgebildet und beschrieben.

⟨?⟩ Was versteht man unter weicher bzw. scharfer Schnallung?

⟨!⟩ Sind die Schnallstrupfen der Leine bei Kandaren in das Schaumloch, bei Trensengebissen durch beide Trensenringe geschnallt, spricht man von weicher Schnallung.
Scharfe Schnallung erfolgt in den Schlitzen der Kandarenbäume bzw. durch Einschnallen allein in den Ring der Doppelringtrense, der durch die Enden des Trensenmundstückes läuft, also in den äußeren.

Peitschen und Hilfsmittel

⟨?⟩ Welche Hilfsmittel dienen der Behebung besonderer Maulschwierigkeiten?

⟨!⟩ Gebißmundstücke für Zungenstrecker, der Buzephalus-Nasenriemen für Pferde, die das Maul aufreißen, und Puller-Riemchen für Pferde mit hartem Maul oder Ladendruck. Bei notorischen Zungenstreckern kann ein Zungenstreckerriemen angewendet werden.

⟨?⟩ Kennt man beim Fahren auch Hilfszügel?

⟨!⟩ Das Fahrmartingal – in Aussehen und Anwendung ähnlich dem gleitenden Ringmartingal der Reiter – und die verschiedenen Ausführungen der Aufsatzzügel, die in der Wirkung etwa dem Overcheck des Trabrennsports entsprechen, im Aussehen dem Chambon.

⟨?⟩ Sind diese Hilfszügel im Fahrsport erlaubt?

⟨!⟩ Während der Prüfungen eines Turniers sind sie verboten. Auch für Ausbildungszwecke soll ihre Anwendung dem Könner vorbehalten bleiben.

⟨?⟩ Welche anderen Hilfsmittel sind auf dem Turnierplatz vorgeschrieben bzw. erlaubt?

⟨!⟩ Bandagen und Streichkappen sind nur bei Geländeprüfungen, Koppelriemen zwischen Kumten bzw. Brustblättern der Vorderpferde von

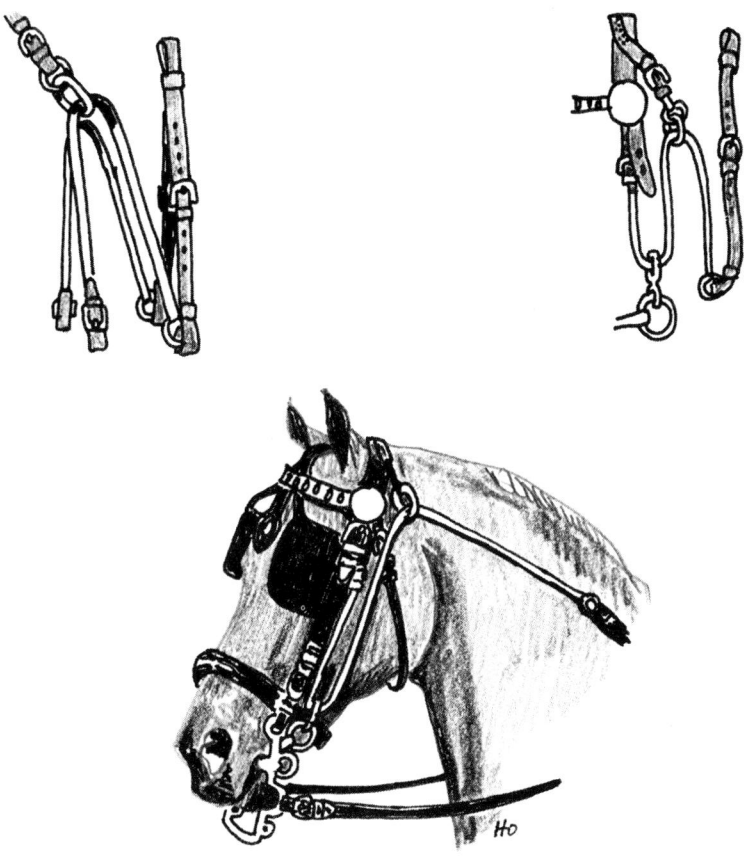

Abb. 53 Aufsatzzügel. Links: einfach; rechts: Schlaufenform.

Vierspännern sind stets gestattet. Vorgeschrieben sind für alle Prüfungen Bockdecke und Peitsche in der Hand des Fahrers, bei Gebrauchs- und Dressurprüfungen der Kategorien B und A außerdem Handschuhe für Fahrer und Beifahrer.

? Wie heißen die verschiedenen Fahrpeitschen und wozu passen sie?
! Die Bogenpeitsche zur Kumt-Anspannung, die Stockpeitsche zur

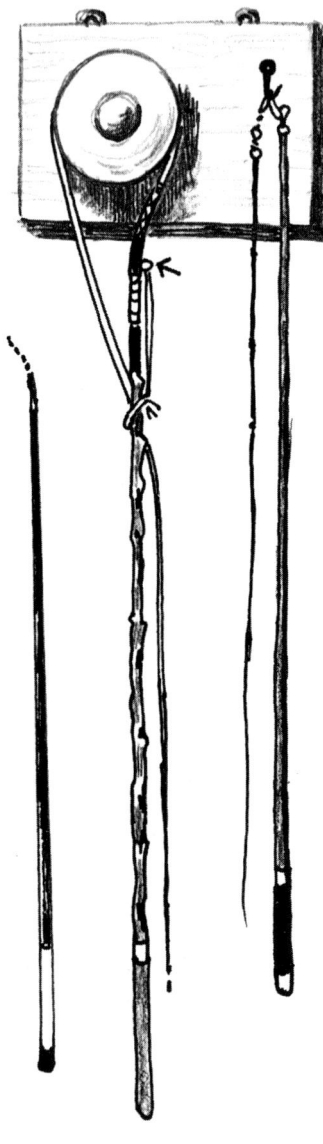

Abb. 54 Verschiedene Fahrpeitschen. Von links: Trabergerte, Dornstockbogenpeitsche − richtig aufgehängt, Jucker- bzw. Stockpeitsche.

Brustblattanspannung, die Jucker-Peitsche zur original ungarischen Anspannung und die Trabergerte für den Trabrennsport bzw. zur amerikanischen Anspannung.

[?] Wie unterscheiden sich die Peitschen für Vier- und Mehrspänner von den Ausführungen für Ein- oder Zweispänner?
[!] Bogen- bzw. Stockpeitschen für Vierspänner haben einen Viererschlag von 3,60 − 4,00 Metern Länge, der bei Ponygespannen entsprechend kürzer sein kann.

[?] Welche Hilfsmittel sind in der Ausbildung wichtig?
[!] Bandagen, Streichkappen, Gamaschen und Springglocken für die Longen- und Doppellongenarbeit sowie beim Einfahren.

[?] Welche Hilfsmittel können zur Entwicklung der Aktion dienen?
[!] Die natürlichste Methode ist Cavaletti-Arbeit an der Doppellonge. Zur Kräftigung der Hebemuskulatur können vorübergehend Gewichte an den Eisen befestigt oder mit Bleischrot gefüllte Lederbeutel um die Fesselgelenke geschnallt werden. „Korallen" − dicke Holzkugeln an

Abb. 55 Von oben: Streichgamasche, Spring-
glocke, Bandagen.

einem Lederriemen aufgereiht, ebenfalls
um die Fesseln geschnallt – wirken weniger durch das Gewicht, als durch das Geräusch.

? Welche Hilfsmittel wendet man gegen
das Abdeichseln an, wenn Umspannen
oder Verlängern der Aufhalter mit leichtem
Bremsen nicht zum Ziel führen?
! Entweder seitliche Ausbindezügel oder
an dem jeweiligen Strang befestigte
Strangbürsten bzw. kräftige Holzknöpfe
zum Aufschnallen.

? Was ist bei allen derartigen Hilfsmitteln
zu beachten?
! Sie gehören in die Hand des Könners.
Der Unerfahrene kann damit viel Unheil anrichten.

Abb. 56 (rechts) Strangbürsten und Holzknopf.

Abb. 57 (unten) Korallen und Schrotbeutel.

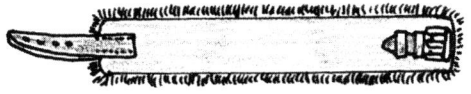

Aufschirren und Anspannen

[?] Wie wird ein Zweispänner-Brustblattgeschirr aufgelegt?

[!] Der Fahrer erfaßt das Geschirr mit beiden Händen am Brustblatt so, daß der Aufhaltering nach oben und der Halsriemen zu seinem Körper weist. Er nimmt Kammdeckel, Schweifriemen und etwaiges Hintergeschirr über einen Unterarm, tritt von vorn vor das Pferd und streift das Brustblatt vorsichtig über den Kopf. Dann dreht er das Geschirr in der Richtung, in der die Mähne fällt, über den Pferdehals und legt so Kammdeckel und Halsriemen in die richtige Lage. Dann wird der Schweif durch die Schweifmetze gezogen, der Kammdeckelgurt mäßig stramm, der kleine Bauchgurt so locker eingeschnallt, daß eine aufrecht stehende Hand zwischen diesen und den Pferdeleib paßt.

Abb. 58 a Aufschirren mit Kumt.

[?] Wie wird ein Kumtgeschirr aufgelegt?

[!] Genau wie eben beschrieben, indem das Kumt mit dem Kumtschloß nach oben über den Kopf gestreift und dann kurz dahinter – also an der

Abb. 58 b Richtiges
Aufzäumen.

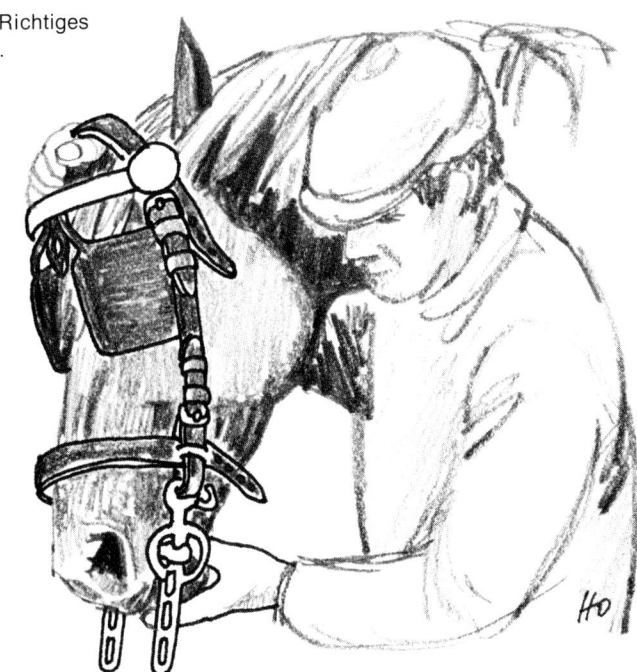

schmalsten Stelle des Halses – vorsichtig mit dem Verlauf der Mähne
gedreht wird. Falls es beim Überstreifen an den Augenwülsten
Schwierigkeiten gibt, sollte man den Kumtgürtel öffnen, das Kumtkissen nach vorherigem Stauchen allein über den Pferdekopf schieben
und anschließend die Kumtbügel mit dem übrigen Geschirr auflegen.

[?] Über welchen Unterarm gehören Kammdeckel und die übrigen
Geschirrteile vor dem Aufschirren?
[!] Das hängt davon ab, nach welcher Seite die Mähne des Pferdes
fällt. Liegt die Mähne rechts, so ist der rechte Unterarm richtig, andernfalls verfährt man umgekehrt.

[?] Wie wird ein Fahrzaum angepaßt?
[!] So, daß das Mundstück in Höhe der Kinngrube liegt und die Haken-
zähne der männlichen Tiere, ggf. die Eckzähne der Stuten, nicht be-
rührt.

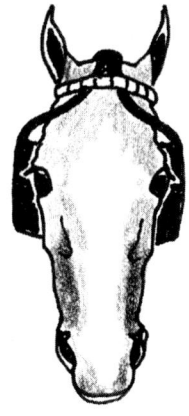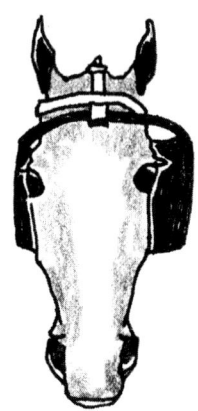

Abb. 59 Lage der Scheuklappen. Links: richtig; rechts: einseitiger Druck durch falschen Blendriemen.

⟦?⟧ In welcher Höhe sollen die Scheuklappen liegen?
⟦!⟧ Die gedachte Schnittlinie zwischen dem oberen und dem mittleren Drittel der Scheuklappe soll in Augenhöhe liegen. Durch Verschnallen des Gabelriemens wird die Öffnung der Scheuklappen so reguliert, daß sie nicht auf ein Auge drücken.

⟦?⟧ Wie soll der Nasenriemen geschnallt werden?
⟦!⟧ Es müssen bequem zwei Finger darunter eingeschoben werden können.

⟦?⟧ Wohin gehört der Schopf?
⟦!⟧ Er wird glatt unter Stirnriemen, Blendriemen und Spieler gelegt.

⟦?⟧ In welcher Höhe soll das Brustblatt liegen?
⟦!⟧ Der untere Rand muß mindestens zwei Finger breit über dem Bug- gelenk liegen und der obere Rand darf nicht auf die Luftröhre drücken.

⟦?⟧ Welche Lage sollen Halsriemen und Halskoppel haben?
⟦!⟧ Der Halsriemen soll vor dem Widerrist und unmittelbar hinter dem Halsansatz aufliegen. Ist ein Halskoppel vorhanden, sollte es durch eine Lederschlaufe mit dem Halsriemen verbunden sein. Die Länge des

Halskoppels ist so zu bemessen, daß er straff durch den Aufhaltering geht, ohne das Brustblatt hochzuziehen.

? Wozu dient der Schweifriemen?
! Er soll den Kammdeckel in seiner richtigen Lage halten, so daß dieser beim Aufhalten nicht nach vorn auf den Widerrist rutschen kann.

? Wie muß der Kammdeckel beschaffen sein?
! Gut gepolstert, damit die Kammer nicht auf die Rückenwirbel drückt.

? Wie wird eine halbe Zweispännerleine vor dem Anspannen eingezogen?
! Außen- und Innenleine von hinten nach vorn durch die entsprechenden Leinenringe an Kammdeckel und Kumt, bei Brustblattgeschirr wird nur die Außenleine durch das äußere Leinenauge des Halsriemens gezogen. Die Außenleine wird sofort im Gebiß eingeschnallt, die Innenleine im Kehlriemen eingeschlauft. Die Handstücke werden auf halber Länge doppelt genommen und durch das äußere Leinenauge des Kammdeckels geschoben. Durch die sich bildende Schleife wird das herunterhängende Ende des Handstücks nochmals doppelt durchgeschoben und dann die Schleife zugezogen.

? Werden die Pferde eines Zweispänners einzeln oder paarweise vor den Wagen geführt?
! Je nach Ausbildungsstand: Lassen sich die Pferde einwandfrei rückwärtsrichten, ohne an der Deichsel hängenzubleiben, werden zunächst die beiden Innenleinen beim anderen Pferd ins Gebiß geschnallt. Andernfalls werden die Pferde einzeln an die Wagendeichsel geführt.

? In welcher Reihenfolge wird nun angespannt?
! Zuerst die Innenleinen am Gebiß befestigen. Danach beide Aufhalter lang einschnallen bzw. einhaken. Da die Schnallen auf der Fleischseite der Leinen angenäht sind, ist mit diesen vorher eine Drehung von oben nach unten in Richtung zum Pferdemaul auszuführen. Ein dadurch in den Leinen entstehender Drall bewirkt, daß die Kreuzschnallen nicht senk-

Abb. 60 Aufhaltekette und -riemen richtig eingezogen.

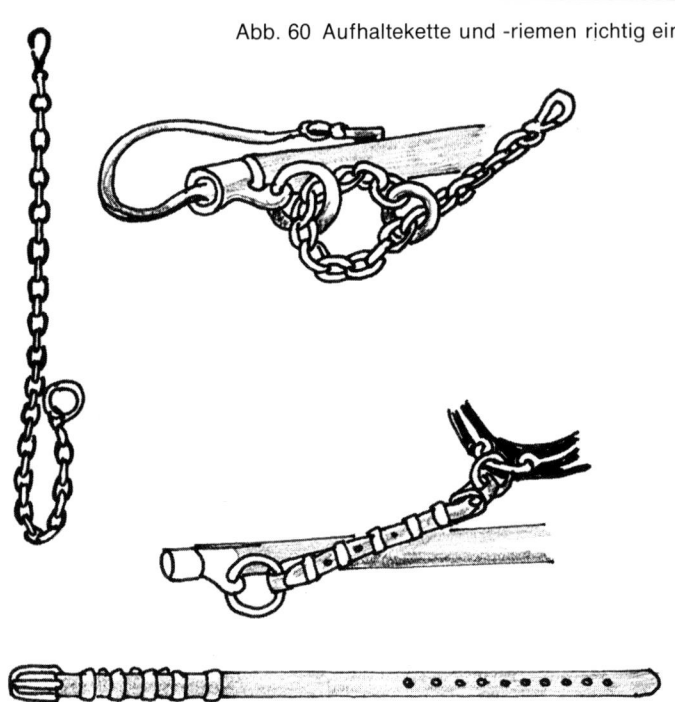

recht, sondern flach auf der Pferdekruppe liegen. Als nächstes wird das Leinenhandstück des rechten Pferdes gelöst und zum linken Pferd hinübergeworfen. Hier werden die Leinenhandstücke zusammengeschnallt und von hinten nach vorn hinter der Oberblattstrupfe abgelegt. Dann werden zunächst die Außenstränge befestigt, danach die Innenstränge. Zuletzt werden die Aufhalteriemen bzw. -ketten passend verkürzt. Die Länge ist richtig, wenn bei anstehenden Strängen die Aufhalter in ganz leichten Bogen hängen.

? Wozu gehören Aufhalteriemen bzw. -ketten?

! Zum Brustblattgeschirr in jedem Fall Aufhalteriemen, zum Kumtgeschirr normalerweise Ketten. Lederne Aufhalteriemen gehören auch zum Kumt in der Landanspannung – also bei schlichtem Geschirr und typischen Landwagen – sowie bei Stadtanspannung, wenn das Gespann von einem angestellten Kutscher gefahren wird.

? Welche der Innenleinen liegt da, wo sich beide kreuzen, oben?
! Normalerweise die Leine, die zu dem Pferd führt, das den Kopf höher trägt. Falls ein Pferd dazu neigt, mit dem Kopf zu schlagen, kommt dessen Innenleine in jedem Fall nach oben, damit das andere Pferd nicht im Maul gestört wird.

? Was versteht man unter der Zuglinie?
! Damit ist die gerade Verbindung von der Brust des Pferdes zum Ortscheit des Wagens gemeint. Sie wird gebildet durch Brustblatt und Strang bzw. Strangstutzen und Strang.

? Wann ist die Zuglinie gebrochen?
! Wenn sie entweder durch zu kurz geschnallte Oberblattstrupfen nach oben gezogen oder durch zu lange Oberblattstrupfen und zu kurz geschnallten kleinen Bauchgurt nach unten gezogen wird.

? Was sind die Folgen einer gebrochenen Zuglinie?
! Ein Teil der Zuglast wird auf den Rücken oder von unten auf die

Abb. 61 Gerade Zuglinie (durchgehend) und gebrochene Zuglinie (gestrichelt).

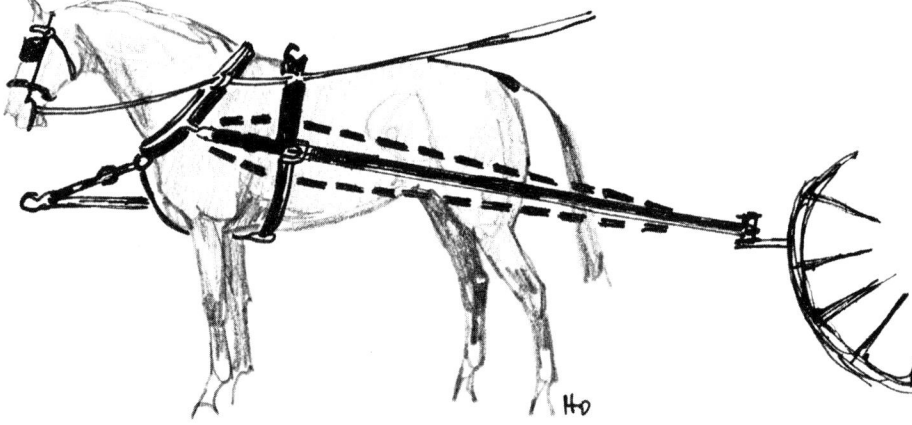

Brust des Pferdes übertragen. Außerdem werden Oberblattstößel und -strupfen bzw. der kleine Bauchgurt einer Belastung ausgesetzt, für die sie nicht gemacht sind. Aus beiden Gründen ist eine gebrochene Zuglinie unbedingt zu vermeiden.

[?] Was ist beim Aufschirren eines Viererzuges zu beachten?
[!] Die Vorderpferde werden genauso aufgeschirrt wie die Stangenpferde. Bei letzteren ist darauf zu achten, daß in den Kammdeckeln anstelle der Aufsatzhaken die Mittelschlüssel zur Führung der Vorderleinen eingeschraubt wurden. An den Fahrzäumen der Stangenpferde müssen jeweils außen die Viererringe in die Kehlriemen mit eingeschnallt werden. Die Leinen der Vorderpferde werden wie bei den Stangenpferden eingezogen. Das lange Handende der Vorderleine faßt man etwas vor der Mitte und schlauft es durch Leinenschlüssel und Leinenauge von hinten nach vorne ein, um es dann so weit durchzuziehen, bis man es unter dem Kehlriemen der Vorderpferde ein Stück durchschieben kann.

[?] Wie werden die Vorderpferde eines Viererzuges angespannt?
[!] Zunächst wird das Vorgehänge in den Viererhaken der Deichsel

Abb. 62 Aufgeschirrtes Vorderpferd mit eingezogener Vorderleine.

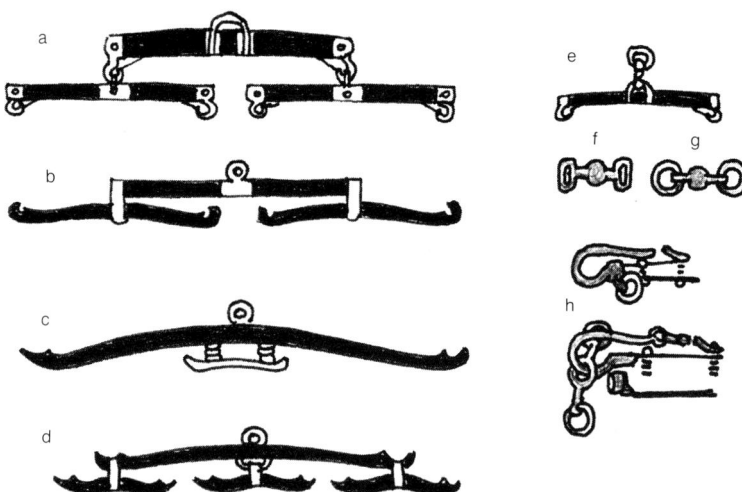

Abb. 63 Vorwaagen und Deichselbeschläge. a Vorwaage zu Coach und Mail-
phaeton, b Juckerwaage, c Postwaage, d Vorwaage zu Fünfer-Juckerzug, e
Vorderortscheit für Einhorn, f Deichselbrille für Aufhalter, g Deichselbrille für
Ketten, h Deichselköpfe für Viererzug bzw. Einhorn.

eingehängt und durch ein Riemchen gesichert. Dabei handelt es sich
entweder um eine Postwaage oder um eine Vorwaage mit zwei einzelnen Ortscheiten. Dann werden die Vorderpferde paarweise oder
einzeln davorgestellt. Nachdem die Innenleinen jeweils gegenüber eingeschnallt sind, zieht man rechts und dann links die Handenden der
Vorderleine nach hinten heraus, führt sie durch die Viererringe am
Kopfstück der Stangenpferde und durch die Mittelschlüssel der
Kammdeckel. Das rechte Handende wird sofort zum linken Stangenpferd herübergeworfen und mit dem linken Handende zusammengeschnallt. Das Ablegen unter der Oberblattstrupfe erfolgt genau wie vorher bei der Stangenpferdeleine. Nun werden zuerst die äußeren und
dann die inneren Vorderstränge am Vorgehänge befestigt.

[?] Was versteht man unter der Zugrichtung bei einem Viererzug?
[!] Damit ist die gerade Verbindung von der Brust der Vorderpferde

Abb. 64 Gerade Zugrichtung beim Viererzug in englischer Anspannung.

zum Deichselhaken gemeint, die sich bei anstehenden Vordersträngen ohne einen Winkel in die Wagendeichsel fortsetzen soll. Für gute Zugleistung ist eine gerade Zugrichtung wünschenswert. Sie ist jedoch abhängig von der Größe der Vorderpferde und der Höhe der Deichselspitze. Am besten läßt sie sich in Kumtanspannung englischen Stils erreichen.

? Wie ist beim Ausspannen und Abschirren zu verfahren?
! In genau umgekehrter Reihenfolge wie beim Aufschirren und Anspannen.
Beim Ausspannen ist aber besonders darauf zu achten, daß kein Pferd vom Wagen weggeführt wird, bevor alle Pferde fertig ausgespannt sind. Ob Zwei- oder Mehrspänner: nach dem Ausspannen sollten alle Pferde gleichzeitig in den Stall geführt werden.

Fahrlehre

Grundtatsachen

? Wie überträgt der Mensch beim Reiten und Fahren seinen Willen auf das Pferd?
! Der Mensch verständigt sich mit dem Pferd durch die sogenannten Hilfen.

? Welche Hilfen stehen dem Fahrer zur Verfügung?

■ Leinenhilfen, Peitschenhilfen, Stimmhilfen und Hilfen mit der Bremse.

?Weshalb ist korrektes Fahren schwieriger als Reiten?
■ Dem Reiter stehen neben Zügel und Schenkel mit Sporen sowie Gerte – letztere werden nur unvollkommen durch die Peitsche ersetzt – außerdem einseitig und beidseitig belastende sowie entlastende Gewichtshilfen zur Verfügung. Dabei sitzt der Reiter mit seinem Sattel praktisch „im Pferd", während der Fahrer bei der Verständigung einen erheblichen Abstand überwinden muß.

? Wie läßt sich dieser Unterschied zwischen Reiten und Fahren auf eine kurze Formel bringen?
■ Der Reiter fühlt, der Fahrer sieht.

? Worin liegt der wesentliche Unterschied zwischen Reiten und Fahren für das Pferd?
■ Beim Reiten hat das Pferd neben dem eigenen Gewicht als zusätzliche Last den Reiter auf dem Rücken zu tragen. Beim Fahren muß das Pferd die zusätzliche Last ziehend fortbewegen, es handelt sich also um eine horizontale statt einer vertikalen Belastung.

? Steht das ziehende Pferd im Gleichgewicht?
■ Nein. Während das Reitpferd durch vermehrtes Untertreten das Reitergewicht mit dem eigenen Schwerpunkt in Einklang bringen kann, muß es sich beim Ziehen nach vorn legen. Je größer das Zuggewicht des Wagens ist, desto stärker neigt es seinen Rumpf außer Gleichgewicht in die Bewegungsrichtung.

? Geht das Wagenpferd immer außer Gleichgewicht?
■ Nein. Die Zugbelastung schwankt je nach Wagengewicht, Untergrund und Tempo. Beim Stehen, Bergabfahren und wenn es als Vorderpferd aus dem Zuge genommen ist, hat das Pferd nur die eigene Körperlast auszubalancieren.

? Verlagert das Pferd seinen Schwerpunkt beim Ziehen immer nach vorn?
■ Beim Rückwärtsrichten und beim Aufhalten ohne Bremsenge-

brauch muß das Pferd seinen Schwerpunkt in die Gegenrichtung, also nach hinten verlagern.

?️ Welches sind die wichtigsten Anforderungen an das gefahrene Gespann?

❗ Die Pferde sollen eingefahren und für den sofortigen Gebrauch verwendbar, das heißt sie sollen im Gehorsam, auf beiden Seiten gleichmäßig ausgebildet und geradegerichtet sein. Die Pferde sollen angenehm an der Hand des Fahrers in weicher Anlehnung gehen und hierbei allen Leinen- und Peitschenhilfen sicher und willig folgen.

?️ Wie sind die Anforderungen im Vergleich zum gerittenen Pferd?

❗ Der Fahrer soll seine Pferde in allen Gangarten hinsichtlich Selbsthaltung, Durchlässigkeit, Schwung, Taktreinheit und Übergängen ähnlich vorstellen, wie dies vom gerittenen Pferd erwartet wird.

?️ Wodurch wird diese Übereinstimmung zwischen den Anforderungen an das gerittene und gefahrene Pferd am deutlichsten begrenzt?

❗ Bei erhöhter Zugbelastung kann das Fahrpferd keine vergleichbare Aufrichtung und Versammlung mehr zeigen, weil es sich zum Fortbewegen der größeren Last weit nach vorn legen muß.

?️ Welches ist die wichtigste Hilfe des Fahrers?

❗ Die Leinenhilfe, weil sie als einzige dauernd zur Verfügung steht. Im Gegensatz zur Schenkel- und Gewichtshilfe des Reiters kann der Fahrer nicht unentwegt mit Peitsche oder Bremse einwirken.

?️ Welches ist die wichtigste Leinenhilfe?

❗ Die nachgebende, weil nur so, mangels Gewichts- und Schenkelhilfen, auf Dauer die Pferde zum Aufsuchen des Gebisses und zum Herantreten an dieses veranlaßt werden.

?️ Wie stellt man die Pferde an das Gebiß?

❗ Durch leichtes Annehmen und Nachgeben der Leinen – halbe Paraden – wird eine deutliche Verbindung zwischen Pferdemäulern und Hand hergestellt. Wenn nötig, läßt man das zurückbleibende Pferd mit ruhiger Peitschenhilfe vortreten. Erhöhtes An-das-Gebiß-Stellen führt zur Versammlung, verbunden mit energischem Treten der Pferde, vor allem mit der Hinterhand.

Das deutsche Fahrsystem

? Worauf beruht das deutsche Fahrsystem?
! Benno von Achenbach, geb. 1861 in Düsseldorf und gest. 1936 in Berlin, hat auf Grund umfassender eigener Erfahrungen das deutsche Fahrsystem auf der Basis des englischen Fahrsystems entwickelt.

? Welches Prinzip war für Achenbach bei der Entwicklung seines Fahrsystems bestimmend?

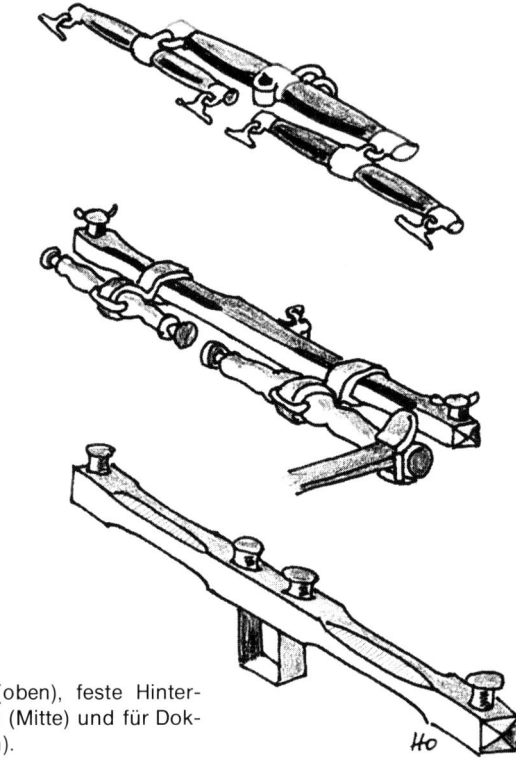

Abb. 65 Spielwaage (oben), feste Hinter-bracke mit Ortscheiten (Mitte) und für Dok-kenanspannung (unten).

! Größtmögliche Zweckmäßigkeit und Sicherheit, vor allem aber die Schonung des wertvollen Pferdematerials.

? In wieviel Grundsätzen läßt sich das Achenbach-System zusammenfassen?
! Es beruht im wesentlichen auf sieben Grundsätzen.

? 1. Was gehört zum korrekten Fahren?
! Die richtige Achenbach-Leine, die Peitsche in der Hand des Fahrers und die feste Hinterbracke oder Sprengwaage.

? 2. Worin liegt der besondere Vorteil des Achenbach-Systems?
! Weil Vier- und Mehrspännigfahren auf korrektem Ein- und Zweispännigfahren aufgebaut ist, muß der Fahrer nicht umlernen, sondern nur dazulernen.

? 3. Was macht das Fahren nach Achenbach besonders sicher?
! Weil alle Leinen in der linken Hand vereint sind, steht die rechte Hand jederzeit zum Bremsen und Peitschengebrauch, zum Geben von Fahrtrichtungszeichen und zum Grüßen zur Verfügung.

? 4. Was wird durch die senkrechte Stellung der Hände in Grund- bzw. Dressurhaltung ermöglicht?
! Lediglich durch Drehung der Handgelenke können Wendungen gefahren werden.

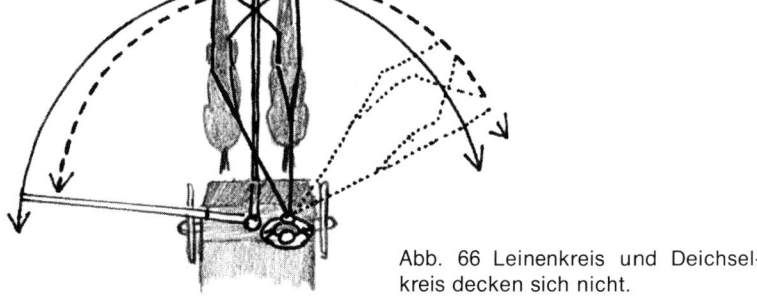

Abb. 66 Leinenkreis und Deichselkreis decken sich nicht.

?️ 5. Wie werden alle Wendungen und Ausweichungen eingeleitet?
❗ Nur durch Nachgeben mit der äußeren Leine. Allen Wendungen geht stets ein Verkürzen des Tempos voraus.

?️ 6. Weshalb werden Rechts- und Linkswendungen verschieden gefahren?
❗ Weil sie durch den Sitz des Fahrers rechts auf dem Bock grundsätzlich voneinander verschieden sind. Beim vierrädrigen Kutschwagen liegt der Drehpunkt der Deichsel links vom Fahrer, so daß die Pferdeköpfe in der Rechtswendung dem Fahrer näher kommen, während sie in der Linkswendung weiter entfernt sind. Man spricht auch vom Unterschied zwischen Leinenkreis und Deichselkreis.

?️ 7. Was verhindert die sichere Beherrschung des Gespanns und ist daher im Verkehr besonders gefährlich?
❗ Das Durchgleitenlassen einer oder mehrerer Leinen macht korrektes Fahren unmöglich.

?️ Was gilt im Augenblick der Gefahr im Straßenverkehr?
❗ Jeder zur Abwendung der Gefahr geeignete Griff ist richtig und erlaubt, auch wenn er im Einzelfall von der Grifftechnik des deutschen Fahrsystems abweichen sollte.

Abmessen der Leinen und Aufsitzen

?️ Wo nimmt der Fahrer Aufstellung zur Aufnahme der Leinen?
❗ Beim Zweispänner steht er mit einer Armlänge Abstand in Höhe des Kammdeckels neben dem linken Pferd, dem er sich zuwendet. Diese Position behält er während des ganzen Vorgangs bei.

?️ Wie werden die Leinen erfaßt?
❗ Mit der rechten Hand werden sie hinter der Oberblattstrupfe hervorgezogen und – mit den Leinenenden nach außen – geordnet über den linken Unterarm gelegt.

?️ Wie werden die Leinen zueinander vermessen?

🛈 Der Fahrer ergreift mit der rechten Hand zwischen Zeige- und Mittelfinger die rechte Leine, Haarseite nach oben, nimmt leichte Fühlung mit den Pferdemäulern auf und gleitet dann auf der Leine abwärts, bis er den gestreckten rechten Arm senkrecht am Oberschenkel anlegen kann. Dieses Maß hält er unverrückbar fest. Dann nimmt er die linke Leine kurz hinter der Schnalle in die rechte Hand zwischen Zeigefinger und Daumen und schiebt nun mit der linken Hand die linke Kreuzschnalle an der rechten Leine entlang zum Pferd hin, bis diese etwa 5 cm vor dem rechten Normalloch liegt. Nun übernimmt die linke Hand beide Leinen in Grundhaltung, indem sie Zeige- und Mittelfinger kurz vor der rechten Hand zwischen die Leinen schiebt.

❓ Was wird durch dieses Vermessen der Leinen erreicht?
🛈 Durch das Verlängern der linken Leine um 5 cm wird der Fahrer, wenn er auf dem Bock rechts Platz genommen hat, sofort geradeaus fahren können, obwohl die linke Leine einen etwas weiteren Weg hat.

❓ Wie erfolgt das Vermessen der Leinen beim Einspänner?
🛈 Genauso wie eben beschrieben, wobei anstelle der Schnallen die Ansatznähte der Einspännerleine zum Maßnehmen dienen.

❓ Wie erfolgt das Vermessen der Leinen beim Viererzug?
🛈 Der Fahrer nimmt wie beim Zweispänner neben dem linken Stangenpferd Aufstellung und legt sich nacheinander die Stangenpferde- und Vorderleinen so über den linken Unterarm, daß die Leinenenden zu seinem Körper hin herabhängen. Sie sind so zu ordnen, daß die Stangenpferdeleinen näher zum Handgelenk und die Vorderleinen mehr zum Ellenbogen hin liegen. Dann werden die Leinen der Stangenpferde genauso vermessen, wie beim Zweispänner. Jedoch übernimmt die linke Hand die beiden Leinen so, daß sich nur der Mittelfinger dazwischenschiebt, die linke Hinterleine darüber, die rechte darunter. Nun werden die Vorderleinen zueinander verpaßt, wobei die Ansatznahtstücke die Rolle der Kreuzschnallen übernehmen. Der Zeigefinger der linken Hand schiebt sich so zwischen die Vorderleinen, daß die linke darüber liegt, die rechte darunter – also unmittelbar auf der linken Stangenleine.

❓ Wie sollen sämtliche Pferde beim Vermessen der Leinen stehen?

! Die Stränge sollen nur ganz leicht durchhängen.

? Ist das so gefundene Leinenmaß nun immer richtig?
! Nein, das richtet sich nach dem Abstand des Bocksitzes von den Pferden. Befinden sich die Füße des Fahrers auf dem Fußbrett fast über den Pferdeschweifen – zum Beispiel bei einem Einfahrwagen – reichen die Leinen aus.
Ist der Bock aber weiter zurückgebaut, sind die Leinen nach dem Vermessen durch einen korrekten Griff entsprechend zu verlängern.

? Wie sitzt der Fahrer auf?
! Er tritt rückwärts-seitwärts zur Vorderachse des Wagens und behält dabei die Pferde stets im Auge. Hat er beim Ein- oder Zweispänner keinen Helfer vor den Pferden stehen, legt er zuvor die linke Leine zu einer Schleife unter den linken Daumen, ohne das gefundene Leinenmaß in der linken Hand zu ändern. Die Leinenenden bleiben über dem linken Unterarm liegen, damit sie beim Aufsitzen nirgends hängenbleiben. Dann steigt der Fahrer mit der rechten Hand am Haltegriff unter weicher Verbindung zu den Pferdemäulern zügig auf.

? Was macht der Fahrer, wenn er auf dem Bock angekommen ist?
! Er nimmt die vorher auf dem Bock abgelegte Peitsche auf, läßt eine etwa gelegte Schleife durch leichtes Anheben des Daumens durchgleiten und nimmt sofort seinen Platz auf der rechten Seite des Bocks ein. Dann übergibt er die Peitsche der linken Hand und legt mit der rechten das freie Leinenende vom linken Unterarm neben den linken Oberschenkel, wo es beim Fahren immer liegen soll. In Gebrauchshaltung kann er jetzt erforderlichenfalls die Leinen etwas verlängern oder verkürzen, jedoch nicht einzeln, da die Leinen ja zueinander verpaßt sind.

? Wie ist der Sitz des Fahrers auf dem Bock?
! Aufrecht und ungezwungen, die Schultern locker herabhängend, Ober- und Unterarm bilden annähernd einen rechten Winkel. Die Ellbogen liegen leicht am Körper an, die Fäuste stehen senkrecht etwa eine Handbreit vor der Mitte des Leibes, die Knie sind fast geschlossen, die Füße stehen nebeneinander vorn auf dem Fußbrett, die rechte Fußspitze etwas nach außen gestellt.

Abb. 67 Korrekt sitzender Fahrer.

[?] Wie wird die Peitsche gehalten?
[!] Mit der rechten Hand kurz vor dem Schwerpunkt, etwa 15 – 20 cm vom unteren Ende entfernt. Sie zeigt stets nach links vorwärts aufwärts.

[?] Darf das Leinenmaß vor dem Anfahren verändert werden?
[!] Wenn die Pferde beim Vermessen der Leinen in den Strängen standen, dürfen nur alle Leinen gemeinsam verlängert oder verkürzt werden.

[?] Wie wird abgesessen?
[!] Nachdem die Bremse fest angezogen wurde, erfolgt das Absitzen in genau der umgekehrten Reihenfolge wie das Aufsitzen. Zuletzt werden die Leinen wieder von hinten nach vorn unter der Oberblattstrupfe abgelegt.

Leinenführung und Hilfengebung

[?] Welche Leinenhaltungen gibt es beim Ein- und Zweispänner?
[!] Grundhaltung, Gebrauchshaltung und Dressur- bzw. Arbeitshaltung.

[?] Wie sieht die Grundhaltung aus?

[!] Die rechte Leine liegt zwischen Mittel- und Ringfinger, die linke Leine über dem Zeigefinger der linken Hand. Beide Leinen werden von den unteren drei Fingern der linken Hand festgehalten. Daumen und Zeigefinger sind leicht geöffnet. Die Haarseite der Leinen liegt nach oben, sie dürfen nicht verdreht sein.

[?] Wie geht man in die Gebrauchshaltung über?

[!] Die Leinen bleiben in der linken Hand in der Grundhaltung. Die unteren drei Finger der rechten Hand werden abgespreizt, während die Peitsche nur von Daumen und Zeigefinger gehalten wird. Dann geht die rechte Hand dicht vor der linken von oben in die Leinen, indem die unteren drei Finger die rechte Leine und der Zeigefinger die linke Leine umschließen. In der Gebrauchshaltung können keine Wendungen gefahren werden. Sie dient zur Entlastung und Unterstützung der linken Hand auf der Geraden.

[?] Wie nimmt man die Dressurhaltung ein?

[!] In der Gebrauchshaltung läßt der rechte Zeigefinger die linke Leine los. Die rechte Hand zieht die rechte Leine um 5 – 10 cm nach rechts aus der linken Hand heraus und stellt sich gleichzeitig senkrecht halbrechts vor die linke.

[?] Wie geht man von der Dressurhaltung wieder in die Gebrauchshaltung zurück?

[!] Die linke Hand gleitet auf der rechten Leine zur rechten Hand heran und holt sich das Zwischenstück wieder zurück. Dann umfaßt der rechte Zeigefinger wieder die linke Leine.

[?] Wie sieht die Grundhaltung vierspännig aus?

[!] Wie nach dem Leinenaufnehmen liegt die linke Vorderleine über dem linken Zeigefinger, die rechte Vorderleine über der linken Hinterleine zwischen Zeigefinger und Mittelfinger und die rechte Hinterleine unter dem Mittelfinger. In der linken Hand liegen also alle vier Leinen mit der Haarseite nach oben übereinander und werden von den drei unteren Fingern der linken Hand gut festgehalten, während Daumen und Zeigefinger locker geöffnet bleiben.

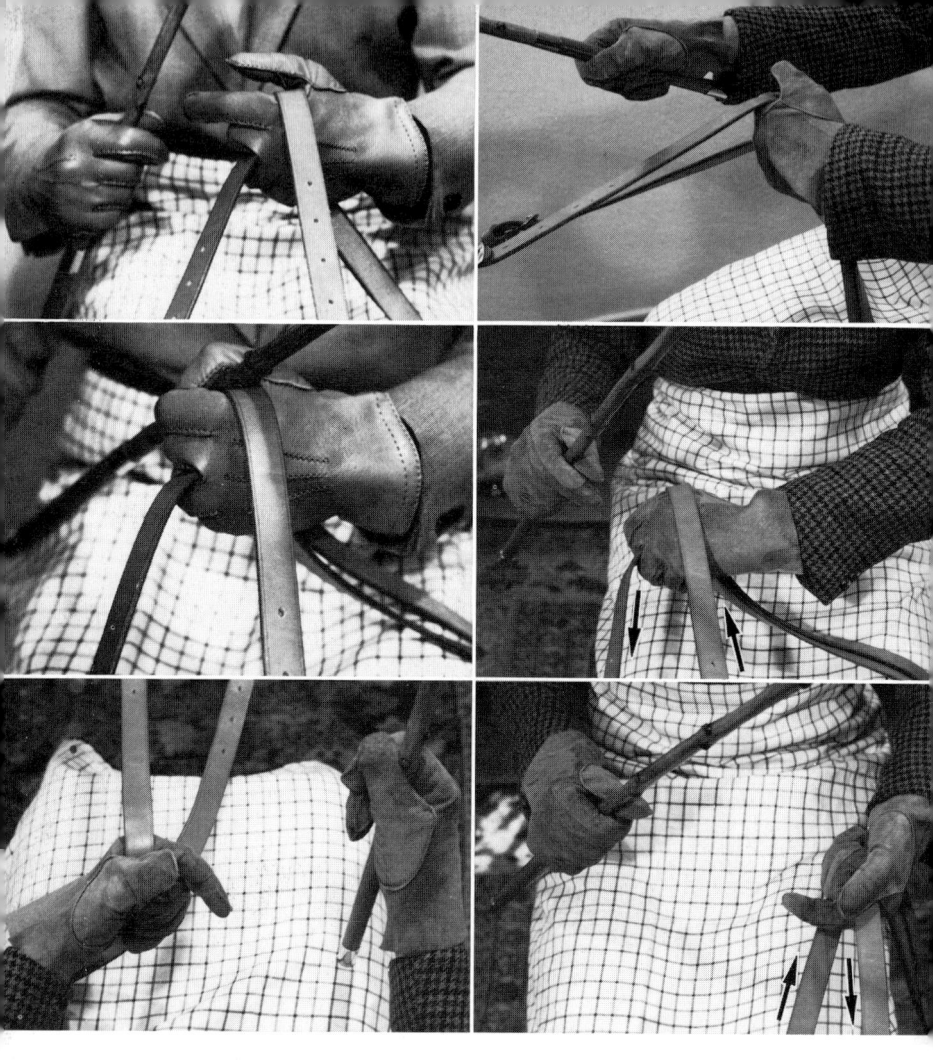

Oben: Grundhaltung — linke Leine über dem Zeigefinger, die rechte unter dem Mittelfinger, Daumen und Zeigefinger geöffnet.

Mitte: Die Peitsche wird von Daumen und Zeigefinger auf der linken Leine gehalten, die rechte Hand ist frei zum Bremsengebrauch.

Unten: Für gezielte Peitschenhilfen stößt die rechte Hand den Peitschenstock auf dem Oberschenkel auf und gleitet zum Griffende.

Oben: Während die rechte Hand den Peitschenschlag anlegt, muß die linke beide Leinen entweder nachgeben oder leicht annehmen.

Mitte: Halblinks mit einer Hand durch Drehen des Handrückens nach oben. Die rechte Leine gibt nach, die linke nimmt an.

Unten: Halbrechts mit einer Hand, Handrücken nach unten an der linken Hüfte; Druck auf die rechte Leine mit Zeigefingerknöchel.

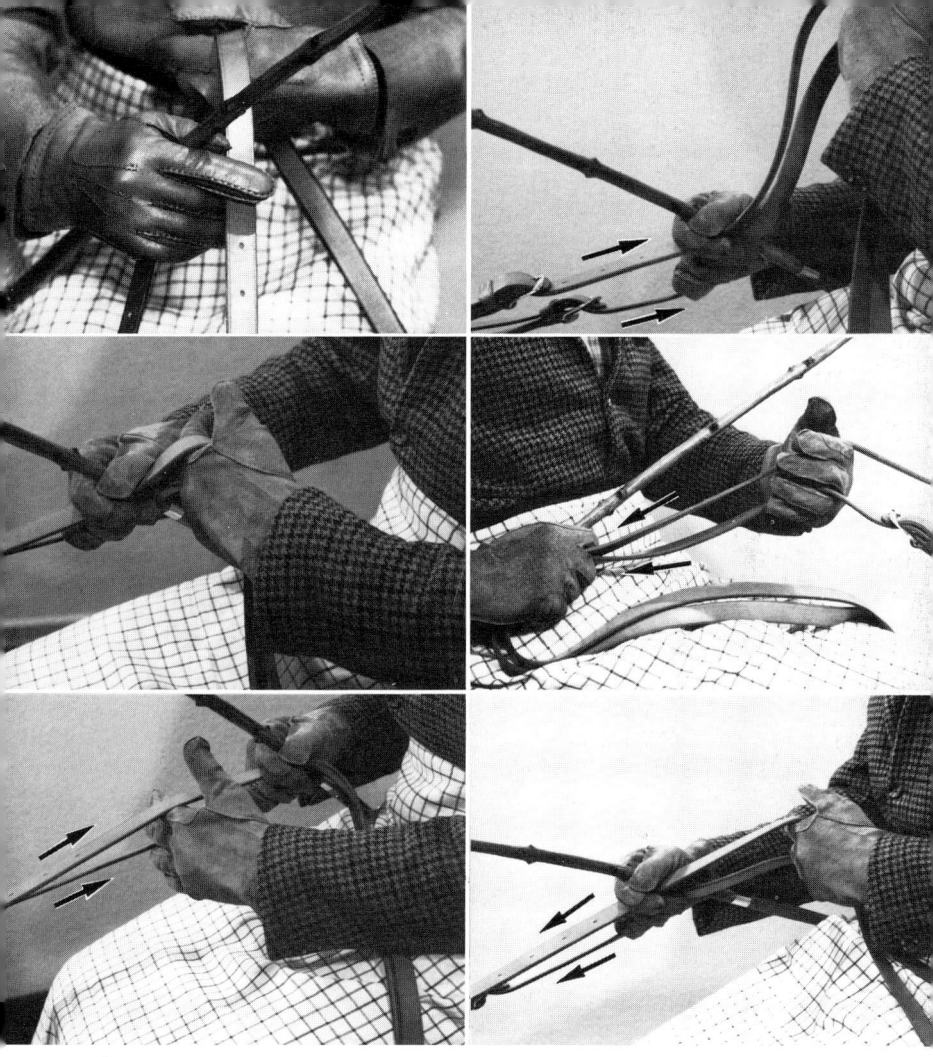

Oben: Übergang zur Gebrauchshaltung –
die drei unteren Finger der rechten Hand
gehen zwischen die Leinen, Zeigefinger
und ...

Mitte: ... Daumen liegen auf der linken
Leine. Alle Finger umfassen so beide Leinen und drücken sie gegen den Peitschenstock.

Unten: Verkürzen der Leinen um ein bestimmtes Stück; die linke Hand geht aus
den Leinen und faßt vor der rechten wieder hinein.

Oben: Vorübergehende Parade; die rechte Hand gleitet auf beiden Leinen ein
Stück vor, nimmt an, die linke weicht
nach oben aus.

Mitte: Durchgehende Parade; die rechte
Hand faßt beide Leinen hinter der linken
und zieht sie durch diese zur rechten
Hüfte durch.

Unten: Verlängern der Leinen; in Gebrauchshaltung zieht die rechte Hand
beide Leinen aus der leicht geöffneten
linken nach vorn heraus.

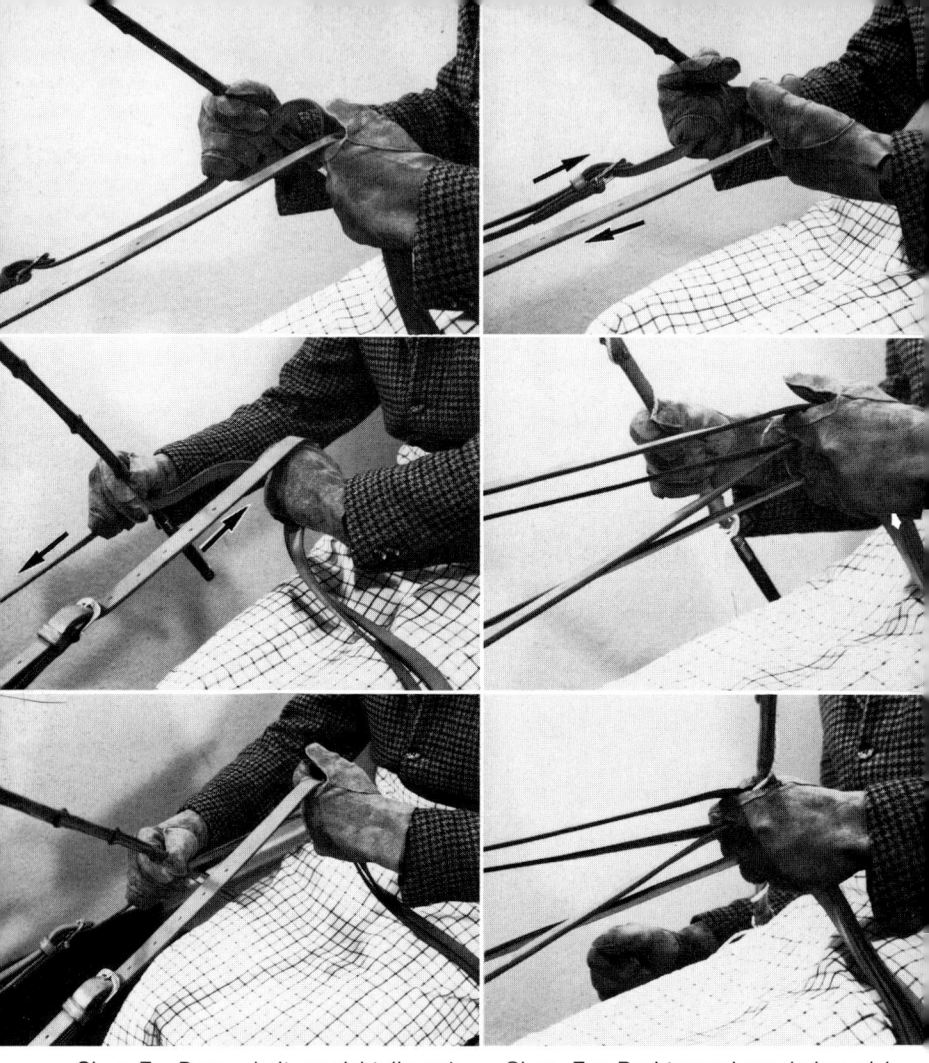

Oben: Zur Dressurhaltung zieht die rechte Hand die rechte Leine ein Stück seitlich aus der linken und stellt sich senkrecht daneben.

Mitte: Zur vollen Linkswendung geht die rechte Hand aus der Dressurhaltung vor, beide Handrücken werden nach oben gedreht.

Unten: Vor einer Rechts- oder Rechtskehrtwendung gleitet die rechte Hand aus der Gebrauchshaltung auf der rechten Leine vor.

Oben: Zur Rechtswendung drehen sich beide Handrücken nach unten; zur Rechtskehrtwendung wird vorher hinterlegt, dann dasselbe.

Mitte: Grundhaltung vierspännig – der Zeigefinger teilt die beiden Vorderleinen, der Mittelfinger die Stangenleinen, sonst wie gehabt.

Unten: Übernehmen der Peitsche und Richtungsänderungen mit einer Hand erfolgen vierspännig wie beim Ein- oder Zweispänner.

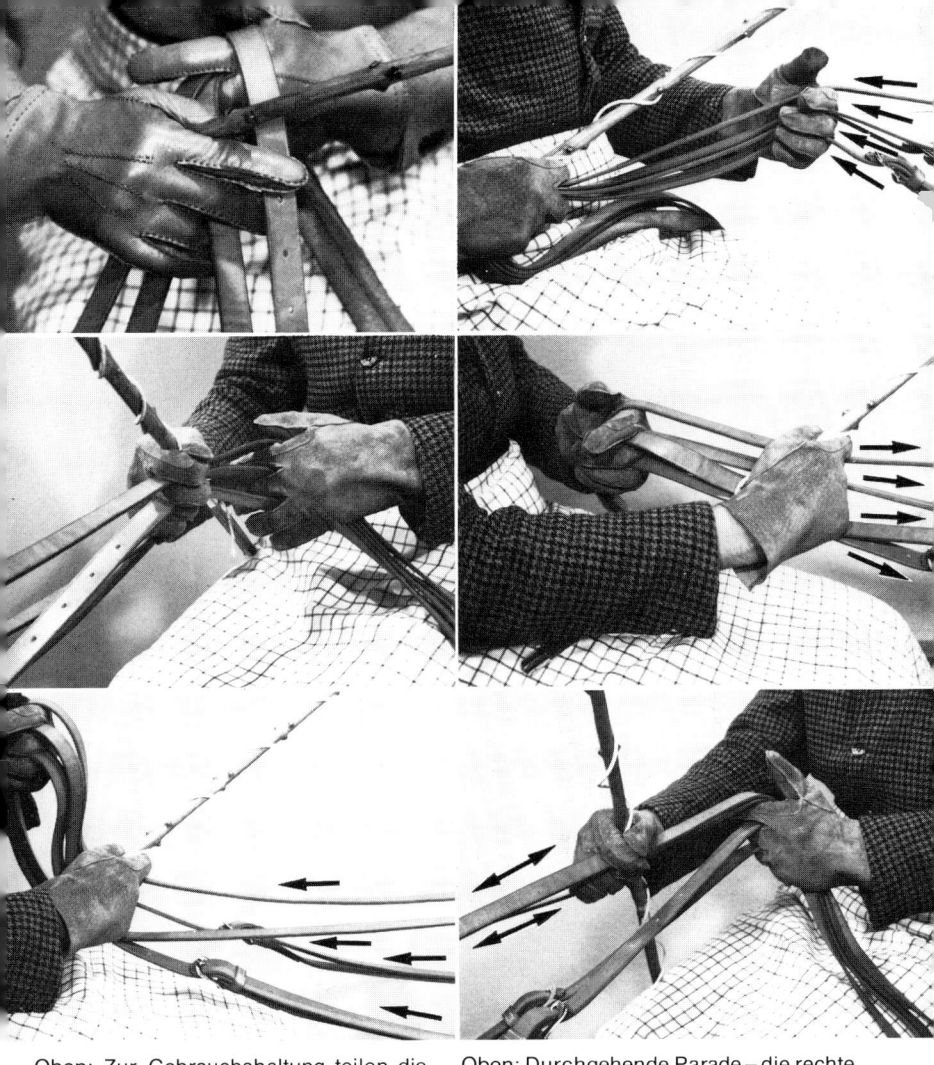

Oben: Zur Gebrauchshaltung teilen die unteren zwei Finger der rechten Hand rechte und linke Leinen, der Mittelfinger beide linken.

Mitte: Wenn sich die rechte Hand fest schließt, können die Finger der linken entspannen, dürfen aber nicht aus den Leinen gehen.

Unten: Zur vorübergehenden Parade gleitet die rechte Hand auf allen vier Leinen vor und nimmt an, während die linke ausweicht.

Oben: Durchgehende Parade – die rechte faßt alle Leinen hinter der linken Hand, diese gleitet vor und beide nehmen gemeinsam an.

Mitte: Zum Verlängern aller vier Leinen zieht die rechte Hand diese nach vorn aus der leicht geöffneten linken heraus.

Unten: Zum Verändern der Vorderleinen geht der linke Zeigefinger unter beide, während die rechte Hand das Erforderliche bewirkt.

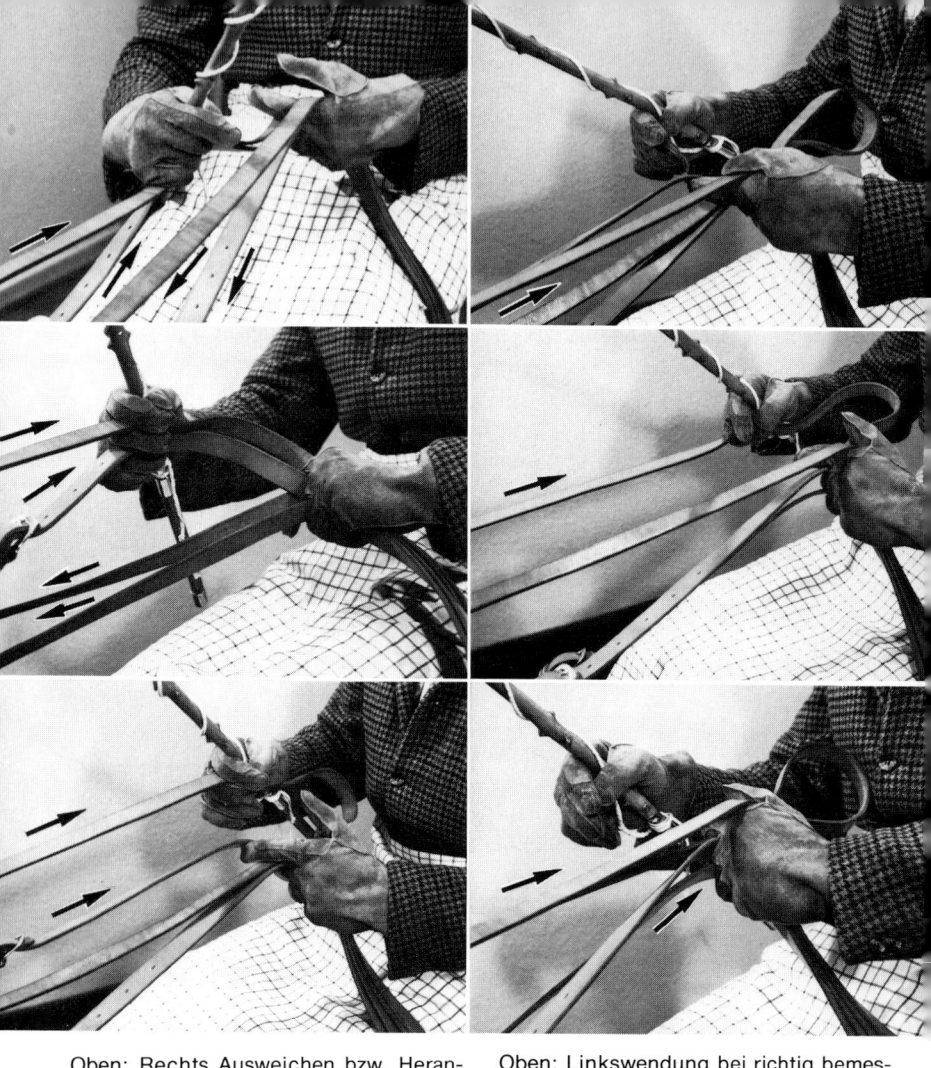

Oben: Rechts Ausweichen bzw. Heranfahren – rechte Hand gleitet auf den rechten Leinen vor und hält gegen, die linke gibt nach.

Mitte: Links Ausweichen erfolgt genauso, nur gleitet die rechte Hand auf beiden linken Leinen vor, hält gegen und die linke gibt nach.

Unten: Die Schleife zur Linkswendung legt man erst, nachdem die rechte Stangenleine als Widerstand auf dem Zeigefinger hängt.

Oben: Linkswendung bei richtig bemessener Schleife; zur Kehrtwendung jetzt zweite Schleife legen und Widerstand fallen lassen.

Mitte: Die Schleife zur Rechtswendung gehört an sich unter den Zeigefinger. Man kann sie aber auch mit dem Daumen festhalten.

Unten: In der Rechtswendung erfolgt der Widerstand durch Halten der linken Hand „in die Wendung", d.h. zur rechten Hüfte hin.

?⃞ Wie geht man vierspännig in die Gebrauchshaltung über?

!⃞ Die linke Hand hält alle vier Leinen unverändert in der Grundhaltung. Während Daumen und Zeigefinger der rechten Hand die Peitsche festhalten, werden die beiden unteren Finger abgespreizt, und der Mittelfinger bleibt ausgestreckt stehen. Nun faßt die rechte Hand dicht vor der linken von oben in die Leinen, indem Ringfinger und kleiner Finger die beiden rechten Leinen wie eine Leine umschließen, während der Mittelfinger die beiden linken Leinen teilt und dabei die linke Stangenleine umschließt, während der Zeigefinger der rechten Hand die linke Vorderleine umschließt. Beim Vierspännigfahren ist die Gebrauchshaltung zur Entlastung und Unterstützung der linken Hand auf den Geraden besonders wichtig.

?⃞ Wie steht es vierspännig mit der Dressurhaltung?

!⃞ Beim Vierspännigfahren gibt es keine Dressurhaltung, weil die rechte Hand ständig zur Entlastung der linken Hand benötigt wird, wenn sie nicht als Zubringer aller Schleifen und Griffe aus der Gebrauchshaltung herausgehen muß.

?⃞ Was darf man vor dem Anfahren nie vergessen?

!⃞ Das Lösen der Bremse ohne Geräusch.

?⃞ Wo bleibt die Peitsche bei der Bedienung der Bremse?

!⃞ Sie wird der linken Hand zwischen Daumen und Zeigefinger übergeben.

?⃞ Welche Hilfen gebe ich zum Anfahren?

!⃞ Ich mache die Pferde durch weiches Annehmen der Leinen aufmerksam und gebe dann fühlbar nach, so daß sie antreten können. Pferde, die geradeaus noch nicht ohne weiteres antreten, reagieren besser auf einseitiges Annehmen und deutliches Nachgeben.

?⃞ Ist ein Zuruf beim Anfahren korrekt?

!⃞ Nicht in einer Dressurprüfung. In der Ausbildung, insbesondere beim Einfahren, kann er angebracht sein. Bei ungleichen Temperamenten wird man jedoch eine ausgleichende Peitschenhilfe geben müssen.

[?] Wie gebe ich Peitschenhilfen?

[!] Aus dem gestreckten Arm, von außen kurz hinter dem Kammdeckel, nur durch Anlegen! Dazu muß die rechte Hand von den Leinen genommen werden und durch Aufsetzen des Peitschenstocks auf den rechten Oberschenkel zum Griffende heruntergleiten.

[?] Warum muß die Peitschenhilfe geräuschlos kommen?

[!] Wenn der Peitschenschlag schwirrt oder knallt, wirkt die Hilfe auch auf das heftigere Pferd, dem sie nicht gelten soll.

[?] Welche verschiedenen Peitschenhilfen unterscheidet man?

[!] Vorwärts- oder seitwärtstreibende, versammelnde und verwahrende sowie strafende Hilfen.

[?] Wie unterscheidet sich eine vorwärtstreibende von der versammelnden Peitschenhilfe?

[!] Bei der vorwärtstreibenden wird mit den Leinen nachgegeben, bei der versammelnden Peitschenhilfe bleibt die linke Hand stehen.

[?] Wie gibt man eine seitwärtstreibende Peitschenhilfe?

[!] Bei nur geringfügig nachgebenden oder anstehenden Leinen wird der Peitschenschlag deutlich hinter der Stelle angelegt, die man für vorwärtstreibende oder versammelnde Hilfen benutzt, also etwa in Höhe der Hüfte.

[?] Wie gibt man eine strafende Peitschenhilfe?

[!] Mit einem kräftigen Peitschenschlag auf den Oberarm oder die Schulter unter gleichzeitigem Annehmen der Leinen.

[?] Wo darf die Peitsche nie einwirken und weshalb?

[!] Im Bereich der Kruppe, weil sonst ein Auskeilen der Pferde zu erwarten wäre.

[?] Welches ist die unvernünftigste Art, ein Pferd antreiben zu wollen?

[!] Die häßliche Gewohnheit, an der Leine zu reißen oder zu zupfen. Der entstehende Ruck im Maul ist unzweckmäßig und verdirbt jedes gut ausgebildete Pferd.

[?] Wie verlängert man beide Leinen?

[!] In der Gebrauchshaltung werden mit der rechten Hand die Leinen nach Bedarf aus der linken herausgezogen, die sich dazu entsprechend öffnet.

[?] Wie werden die Vierspännerleinen verlängert?

[!] Man verfährt genau wie beim Ein- oder Zweispänner.

[?] Wie darf das Leinenverlängern niemals erfolgen?

[!] Die Leinen dürfen weder absichtlich noch unabsichtlich durchgleiten.

[?] Auf wie viele Arten kann man ein- und zweispännig die Leinen verkürzen?

[!] Auf vier Arten.

[?] Wie sind diese vier Arten?

[!] 1. Zentimeterweise; aus der Gebrauchshaltung gleitet die rechte Hand ein kurzes Stück auf beiden Leinen vor, die linke Hand öffnet sich leicht und rutscht nach. Beide Hände gehen dann in die Ausgangsstellung zurück.

2. Um ein bestimmtes Stück, auch „allmähliche Parade" genannt: Aus der Gebrauchshaltung läßt die linke Hand die Leinen los, während sich die rechte fest schließt. Dann geht die linke vor der rechten Hand in beide Leinen und die rechte geht wieder vor die linke in die Gebrauchshaltung.

3. Mit der „durchgehenden Parade": Die rechte Hand geht aus den Leinen und faßt mit den unteren drei Fingern beide Leinen hinter der linken Hand. Jetzt gleitet entweder die linke Hand auf beiden Leinen vor und faßt zu, so daß beide Hände gemeinsam ein großes Stück Leine annehmen können, oder die rechte zieht das Stück Leine durch die leicht geöffnete linke Hand hindurch in Richtung zur rechten Hüfte.

4. Mit der „vorübergehenden Parade": Aus der Gebrauchshaltung gleitet die rechte Hand auf beiden Leinen weit vor, hält diese fest und geht zum Leib zurück, während die linke Hand nach oben ausweicht. So können die Leinen vorübergehend schnell und deutlich verkürzt werden.

Bei allen vier Arten, die Leinen zu verkürzen, bleibt die Peitsche in der rechten Hand.

? Wie geschieht das Leinenverkürzen beim Vierspännigfahren?

❗ Genauso wie beim Ein- und Zweispännigfahren; lediglich die zweite Methode, die Leinen durch Vorgreifen der linken Hand um ein bestimmtes Stück zu verkürzen, muß vierspännig unterbleiben. Die linke Hand darf beim Viererzug nie aus den Leinen genommen werden, weil sie vor der rechten die Grundhaltung nicht wieder einnehmen könnte.

? Was versteht man unter „filieren"?

❗ Filieren ist das fließende Verlängern oder Verkürzen einzelner Leinen nach Bedarf.

? Wie werden die Leinen einzeln verlängert oder verkürzt?

❗ In der Gebrauchshaltung werden die rechte bzw. linke Leine durch kleine Drehbewegungen der linken gegenüber der rechten Hand unter gleichzeitigem Öffnen und Schließen der entsprechenden Finger zentimeterweise von der linken in die rechte Hand übergeben bzw. umgekehrt.

? Wie erfolgt das Filieren beim Vierspännigfahren?

❗ Genauso wie beim Zweispänner, wobei aber jeweils nur die linke Vorderleine und die rechte Hinterleine verändert werden können, weil die rechte Vorder- und die linke Hinterleine zwischen zwei Fingern der linken Hand fest aufeinanderliegen.

? Wie wird die rechte Vorderleine verlängert, wenn z. B. die Vorderpferde zu weit rechts gehen?

❗ Dazu wird zunächst die linke Vorderleine verkürzt und anschließend werden beide Vorderleinen gemeinsam verlängert.

? Wie werden die Vorderleinen gegenüber den Hinterleinen verlängert bzw. verkürzt?

❗ Man nimmt den Zeigefinger der linken Hand zwischen den beiden Vorderleinen heraus unter die rechte Vorderleine und zieht dann mit der rechten Hand beide Vorderleinen um das erforderliche Stück aus der linken Hand heraus bzw. schiebt sie in die linke Hand zurück, die sich dazu etwas öffnet. Danach geht der Zeigefinger wieder zwischen die Vorderleinen.

[?] Wie verändert man die linke Stangenleine?
[!] Genauso, wie eben für das Verändern der rechten Vorderleine beschrieben, also durch Verkürzen bzw. Verlängern der rechten Stangenleine unter anschließender Veränderung der Vorderleinen gegenüber den Hinterleinen.

[?] Wie werden die Hinterleinen verlängert bzw. verkürzt?
[!] Indem man alle vier Leinen um das erforderliche Stück verlängert bzw. verkürzt und anschließend die Vorderleinen entsprechend hereinholt oder herausgibt.

[?] In welchem Tempo wird im Straßenverkehr eine Rechtswendung gefahren?
[!] Man soll stets zum Schritt durchparieren.

[?] Welches Tempo kommt für eine Linkswendung in Betracht?
[!] Sie kann auch im Straßenverkehr im verkürzten Trab gefahren werden, weil der Bogen größer ist.

[?] Welches Tempo ist für Kehrtwendungen richtig?
[!] Man nimmt das Gespann zu einem mäßigen, vorsichtigen Schritttempo fast bis zum Halten zurück, damit Kronentritte vermieden werden.

[?] Wann muß die gewünschte Gangart für eine bevorstehende Wendung erreicht sein?
[!] So rechtzeitig, daß das Gespann vor Einleitung der Wendung das Tempo erreicht hat, in dem die Wendung gefahrlos ausgeführt werden kann.

[?] In welcher Reihenfolge gibt man die Leinenhilfen für alle Wendungen?
[!] Immer werden Wendungen durch Nachgeben mit der äußeren Leine eingeleitet.

⟨?⟩ Wie wirkt das Nachgeben mit der äußeren Leine auf die Pferde?

⟨!⟩ Zunächst einmal wird den Pferden ermöglicht, sich in die Wendung zu biegen. Das äußere Pferd kann durch vermehrten Zug an der festen Sprengwaage die Deichsel in die neue Richtung bringen, und das innere Pferd kann den Wagen durchziehen, ohne durch Zug an der Leine daran gehindert zu werden.

⟨?⟩ Wie wird der mit einer Spielwaage ausgerüstete Wagen in die Wendung gebracht?

⟨!⟩ Das innere Pferd bringt die Deichsel durch Seitwärtsziehen am Aufhalter in die neue Richtung. Bei besonders frühzeitigem Nachgeben außen kann das äußere Pferd durch Schieben mit der Schulter nachhelfen.

⟨?⟩ Was ist der Nachteil der Spielwaage?

⟨!⟩ Im schweren Zug werden uneinige Pferde leicht ungleichmäßig anziehen, also „geigen". Für junge, unerfahrene Pferde ist sie gänzlich ungeeignet, weil das anziehende Pferd seinem Partner immer wieder einen schmerzhaften Ruck an der Brust verursacht. Das Verschnallen der Leinen bleibt mit Spielwaage wirkungslos.

⟨?⟩ Wie fährt man eine Linkswendung?

⟨!⟩ Nach dem Fahrtrichtungszeichen und Einfangen des Tempos Übergang zur Dressurhaltung. Zur Einleitung der Wendung wird der rechte Handrücken nach oben gedreht, wodurch die rechte Leine nachgibt. Dann wird der linke Handrücken nach oben gedreht, so daß die linke Leine über den Handrücken läuft. In der Wendung ist mit beiden Leinen durch Vorgehen beider Hände nachzugeben, erforderlichenfalls gibt die rechte stärker nach. Zur Beendigung der Wendung stellt man beide Fäuste wieder senkrecht und geht gegebenenfalls wieder zur Gebrauchshaltung über.

⟨?⟩ Wann sind die Hilfen zur Beendigung einer Wendung zu geben?

⟨!⟩ Sobald die Wendung zu drei Vierteln beendet ist, das heißt in der Praxis, wenn die Pferde mit den Köpfen in der neuen Fahrtrichtung angelangt sind.

⟨?⟩ Wie fährt man eine Rechtswendung?

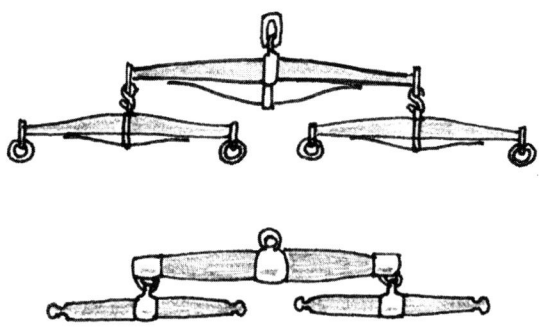

Abb. 68 Spielwaagen mit beweglichen Ortscheiten.

■ Nach Fahrtrichtungszeichen und der Parade zum Schritt werden beide Leinen um ein bestimmtes Stück verkürzt. Aus der Gebrauchshaltung gleitet dann die rechte Hand, nachdem der Zeigefinger die linke Leine losgelassen hat, auf der rechten Leine um etwa 15 cm vor. Die linke Hand gibt nach, indem sie den Handrücken nach unten dreht und unter die rechte Hand geht. Diese nimmt gleichzeitig die locker werdende rechte Leine durch eine Drehbewegung um den Peitschenstock – Handrücken nach unten – an. Zur Beendigung der Wendung gehen beide Hände in die Ausgangsstellung zurück, und beide Leinen werden wieder verlängert.

☐? Wie heißt der zusätzliche Griff, durch den sich die Kehrtwendungen von den einfachen Wendungen unterscheiden?
■ Der Griff heißt Hinterlegen. Dabei wird mit der rechten Hand die rechte Leine aus der linken Hand herausgenommen und unmittelbar hinter der linken Hand wieder zwischen Mittelfinger und Ringfinger geschoben.

☐? Wie fährt man nun eine Linkskehrtwendung?
■ Nach der Zeichengebung wird durch eine entsprechende Parade das Tempo fast bis zum Halten zurückgenommen. Aus der Gebrauchshaltung zieht die rechte Hand, deren Zeigefinger die linke Leine zuvor losläßt, ungefähr zweimal 10 cm der rechten Leine aus der linken Hand heraus. Zum besseren Nachgeben ohne Vorbeugen geht die rechte

Hand evtl. von der Leine und die Wendung wird mit einer Hand zu Ende gefahren. Um das Gespann wieder geradeaus zu lenken, wird die rechte Leine mit der rechten Hand um das erforderliche Stück hinterlegt.

? Wie wird eine Rechtskehrtwendung ausgeführt?

! Zunächst einmal werden beide Leinen stark verkürzt, und man pariert fast bis zum Halten durch. Dann wird die rechte Leine mit der rechten Hand um 10–15 cm hinterlegt, wobei die linke Hand nachgibt. Anschließend geht die rechte Hand vor der linken auf die rechte Leine, und nun wird die Kehrtwendung wie die normale Rechtswendung zu Ende gefahren. Zum Geradeausfahren zieht die rechte Hand die rechte Leine um das hinterlegte Stück nach vorne heraus. Anschließend werden beide Leinen wieder verlängert.

? Wie fährt man Wendungen aus der Dressurhaltung?

! Lediglich durch Drehen beider Handgelenke, wobei die Richtung der Peitsche nach schräg vorwärts aufwärts erhalten bleiben soll. Zur Rechtswendung werden beide Handrücken nach unten gedreht, und zwar kippt zuerst die linke Hand ab. Für die Linkswendung dreht man beide Handrücken nach oben, und zwar zuerst den rechten. Soweit es das Leinen-Zwischenstück zuläßt, kann die jeweils äußere Hand etwas vorgehen.

? Wie wird eine Halblinkswendung mit einer Hand ausgeführt?

! Aus der Grundhaltung wird der Handrücken nach oben gedreht, so daß die linke Leine über den Handrücken läuft. Um die Wirkung zu verstärken, geht die linke Hand vor die rechte Hüfte.

? Welche Bewegung der linken Hand führt eine Halbrechtswendung bzw. Ausweichen herbei?

! Aus der Grundhaltung geht die linke Hand mit dem Handrücken nach unten an die linke Hüfte. Der Daumen zeigt nach vorn abwärts, die Daumenspitze drückt auf die rechte Leine. Erforderlichenfalls kann man den Druck noch mit dem vorgestreckten Zeigefinger verstärken.

? Wann leitet der Fahrer im Straßenverkehr eine Rechtswendung ein?

! Wenn sich die Pferde mit dem Kammdeckel in Höhe der Bordsteinkante der neuen Straße befinden.

? In welchem Augenblick wird die Linkswendung eingeleitet?
! Wenn die Pferde mit dem Kammdeckel die Straßenmitte der Querstraße erreicht haben.

? Kann man vier- und mehrspännig mit einer Hand Halbrechts- bzw.
Halblinkswendungen ausführen?
! Man fährt sie genauso wie ein- und zweispännig, nur kommt es noch
mehr auf deutliche Verbindung zu den Pferdemäulern an.

? Wie fährt man vierspännig eine Linkswendung?
! Nach Umsehen, Einfangen des Tempos zum verkürzten Trab und
Verkehrszeichen durch den Beifahrer wird die rechte Hinterleine über
die Spitze des ausgestreckten linken Zeigefingers gelegt. Dieser „Widerstand auf dem Zeigefinger" soll das Werfen der Stangenpferde in
die Wendung verhindern. Dann gleitet die rechte Hand auf der linken
Vorderleine um 15 cm vor, nachdem sie die drei anderen Leinen
losgelassen hat. Sie nimmt durch betontere Verbindung zu den Pferdemäulern Druckpunkt und legt dann langsam eine Schleife unter den
linken Daumen, sobald die Vorderpferde die Häuserfront der Querstraße erreicht haben. Erforderlichenfalls kann die rechte Hand nun auf
beiden rechten Leinen gegenhalten oder mit dem Mittelfinger zwischen
beiden linken Leinen diese festhalten und mit der linken Hand unter der
rechten zusätzlich nachgeben. Wenn die Vorderpferde die neue Fahrtrichtung erreicht haben, läßt man den Widerstand fallen und die
Schleife langsam unter dem linken Daumen heraus.

? Wie fährt man eine Linkskehrtwendung mit dem Viererzug?
! Nach Umsehen, Fahrtrichtungszeichen und scharfem Rechtsheran-
fahren wird das Tempo bis fast zum Halten verkürzt. Dann wird der
Widerstand auf den linken Zeigefinger gelegt und nach Druckpunkt-
nehmen zuerst eine kleine Schleife von ca. 10 cm unter den linken
Daumen gelegt. Sobald die Pferde die Wendung eingeleitet haben, legt
man eine zweite größere Schleife von ca. 20 cm. Gleichzeitig wird der
Widerstand auf dem linken Zeigefinger entlassen. Gegenhalten oder
Nachgeben erfolgen nach Bedarf wie bei der einfachen Links-

wendung. Nach dreiviertel beendeter Wendung läßt man die linken Schleifen langsam durchgleiten, wobei die rechte Hand erforderlichenfalls weiterhin Druck auf die linke Stangenleine ausübt.

[?] Wie wird vierspännig die Rechtswendung ausgeführt?

[!] Nach Durchparieren zum Schritt, Verkehrszeichen und Verkürzen der Leinen gleitet die rechte Hand auf der rechten Vorderleine um 20 cm nach vorn und nimmt bei den Vorderpferden Druckpunkt. Wenn diese im Straßenverkehr auf Höhe der Bordsteinkante der Querstraße angekommen sind, legt die rechte Hand zügig eine Schleife unter den linken Zeigefinger. Gleichzeitig geht die linke Hand ,,in die Wendung" – ähnlich dem Griff zum Halblinksfahren mit einer Hand –, damit das innere Stangenpferd den Wagen ohne Anecken gut durchziehen kann. Falls dennoch die Gefahr des Aneckens entsteht, weil vorher nicht genügend Abstand von der rechten Straßenseite gehalten wurde, faßt die rechte Hand mit dem Mittelfinger zwischen beiden linken Leinen diese 15 cm vor der linken Hand und hält gegen, während die linke nach Bedarf nachgibt. Wenn die Vorderpferde in Richtung der neuen Bordsteinkante kommen, läßt man die Schleife rasch unter dem Zeigefinger durchgleiten.

[?] Wie wird eine Rechtskehrtwendung gefahren?

[!] Im Straßenverkehr ist sie nicht zulässig, deshalb entfallen auch alle Verkehrszeichen. Nach der Parade bis fast zum Halten und starkem Verkürzen der Leinen geht die rechte Hand auf der rechten Vorderleine um ca. 10 cm vor, nimmt Druckpunkt und legt die kleine Schleife unter den linken Zeigefinger während gleichzeitig die linke Hand in die Wendung geht. Sobald die Vorderpferde die Wendung eingeleitet haben, legt die rechte Hand eine zweite, große Schleife unter den Zeigefinger der linken Hand, während diese wieder aus der Wendung geht. Je nach Bedarf wird auf beiden linken Leinen gegengehalten oder mit der vollen rechten Hand ein Druck auf beide rechten Leinen ausgeübt. Dabei müssen die Schleifen der Vorderleine jedoch durchgleiten können.

[?] Wie gibt man die Hilfen zum Rückwärtsrichten?

[!] Zunächst sollte das Gespann mit Deichsel bzw. Schere möglichst gerade stehen. Dann werden die Leinen stark verkürzt. Ein- und Zwei-

spännig führt man das Rückwärtsrichten am besten in der Dressurhaltung aus, weil sich das Abweichen von der vorgesehenen Richtung
durch Drehen der Handgelenke am besten ausgleichen läßt. Die Ausführung soll ruhig, Tritt für Tritt, im Zweitakt erfolgen – möglichst ohne
abzusetzen. Das Zurücksetzen zum Wenden erfordert einen bestimm-
ten Einschlagwinkel von Deichsel bzw. Schwere, dessen Größe sich
nach dem zur Verfügung stehenden Raum – Straßenbreite – richtet.

? Wie erfolgt das Rückwärtsrichten vierspännig?
! Wie beim Zweispänner werden alle vier Leinen stark verkürzt. Zur
Ausführung eignet sich am besten der Griff „vorübergehende Parade".
Erforderliche Richtungsänderungen lassen sich durch Drehung des
rechten Handgelenks herbeiführen. Um das Rückwärtsrichten zu beenden, geht man unter gleichzeitigem Verlängern der Leinen in Richtung Pferdemaul vor. Wenn nötig, kann man auch die Bremse einsetzen.

? Wann muß man ganz besonders stark mit den Leinen nachgeben?
! Außer zum Beenden des Rückwärtsrichtens vor allem dann, wenn
die Pferde bergauf ziehen müssen.

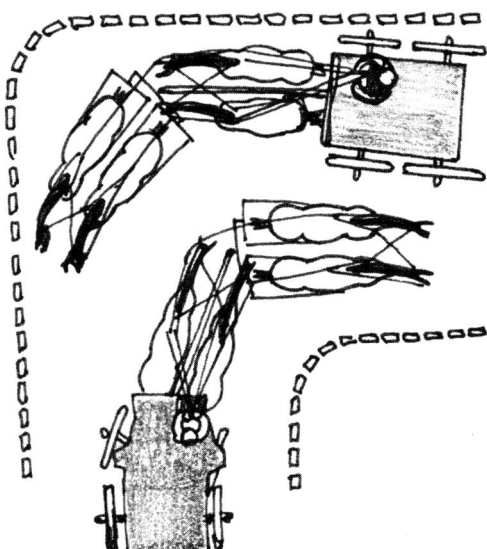

Abb. 69 Wendungen
„auf Lücke" gefahren.

?️ Wie sollen die Stangenpferde eines Viererzuges in die Wendungen gehen?

❗ Bei allen Wendungen muß das innere Stangenpferd so durch-ziehen, daß es auf die Lücke zwischen den beiden Vorderpferden zu-geht. Man sagt, die Pferde gehen „auf Lücke".

?️ Was ist vierspännig bei allen Wendungen zu beachten?

❗ Je enger die Wendungen, desto deutlicher sind die Vorderpferde zuvor aus dem Zug zu nehmen. Andernfalls würden sie die Deichsel vorzeitig herumziehen und der Wagen müßte anecken.

?️ Wie fährt man vierspännig rechts bzw. links heran?

❗ Dazu erfaßt man mit der rechten Hand beide rechten bzw. linken Leinen ca. 15 cm vor der linken Hand und hält gegen, während die linke unter der rechten Hand zum Nachgeben vorgeht, bzw. umgekehrt.

Korrektur von Fehlern und Unarten

?️ Wie kann der Fahrer Fehler vermeiden?

❗ Nur, indem er mit Kopf und offenen Augen fährt. Das heißt, er muß sein Gespann und die Verkehrslage vorausschauend mit gespannter Aufmerksamkeit beobachten, um frühzeitig korrigierend einwirken zu können.

?️ Was darf bei einem guten Fahrer nie vorkommen?

❗ Aufsitzen, ohne Wagen und Anspannung gründlich nachzusehen.

?️ Welche Fehler kommen bei Anfängern häufig vor?

❗ Anfahren mit angezogener Bremse, Paraden ohne Bremsenge-brauch und Absteigen, ohne die Bremse anzuziehen.

?️ Warum haben Zurufe, Zungenschnalzen und Peitschensurren bei Pferden ungleichen Temperaments fehlerhafte Wirkung?

❗ Weil diese Aufmunterungen das ohnehin schon fleißigere Pferd vermehrt antreiben.

?️ Weshalb sind halbe Scheuklappen unzweckmäßig?

! Weil meist das temperamentvollere Pferd darunter nach der Peitsche schielt und auf die Peitschenhilfe reagiert, die eigentlich dem fauleren Pferd gelten soll.

? Welchen Fehler machen die meisten „Naturfahrer"?
! Sie ziehen an der inneren Leine zur Einleitung von Wendungen, statt außen nachzugeben.

? Welche Fehler sieht man auch bei ausgebildeten Fahrern häufig?
! Aufgeben der Verbindung zum Pferdemaul beim Nachgeben, unbeabsichtigtes Durchrutschenlassen der Leinen und Vornüberneigen oder Zurücklegen des Oberkörpers beim Anfahren bzw. Parieren.

? Welche Fahrfehler sind besonders schädlich für die Gliedmaßen der Pferde?
! Plötzliches Durchparieren und Halten ohne Bremsengebrauch und scharfe Wendungen ohne entsprechendes Zurücknehmen des Tempos.

Abb. 70 „Werfen" der Pferde in die Wendung.

?️ Wie reagiert man richtig auf eine zu klein geratene Wendung?

❗ Schnell mit der inneren Leine nachgeben, sie notfalls aus der linken Hand herausziehen und eventuell leichtes Antreiben des inneren Pferdes mit der Peitsche.

?️ Was ist „Werfen in die Wendung"?

❗ Wenn die Pferde in falscher Kopfstellung, am äußeren Zügel hängend, mit der inneren Schulter voran in die Wendung gehen. Dabei besteht erhöhte Gefahr für Kronentritte.

?️ Wie läßt sich das Werfen vermeiden?

❗ Indem man nicht zu eilig in Wendungen geht, seine Pferde gut an den Hilfen hat und Ziehen am äußeren Zügel unbedingt vermeidet.

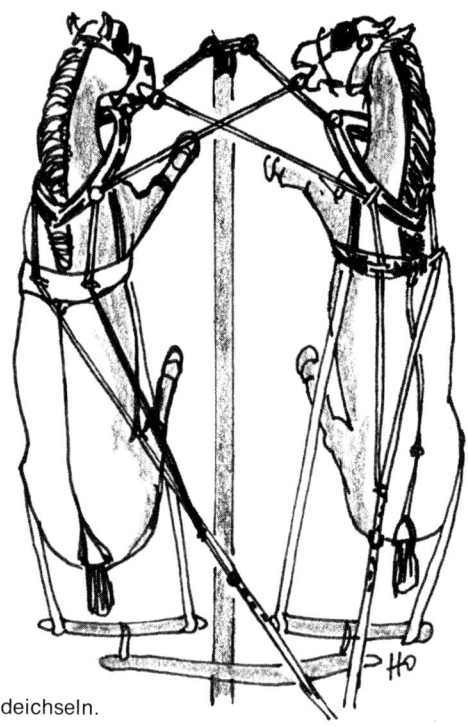

Abb. 71 a) Abdeichseln.

Abb. 71 b) Drängen.

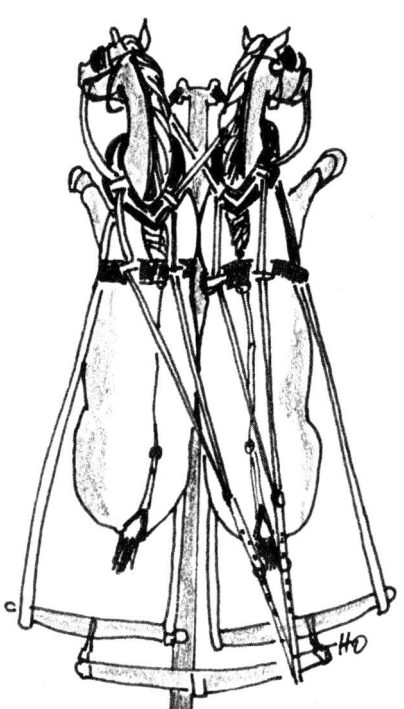

□? Was ist Abdeichseln?
■! Die Pferde stemmen sich mit den Vorderbeinen von der Deichsel ab, hängen sich in die Aufhalter und machen sich gegen die Deichsel hohl.

□? Was bezeichnet man mit Drängen?
■! Die Pferde machen sich nach außen hohl und legen sich mit dem Körper gegen die Deichsel.

□? Worauf sind diese Unarten zurückzuführen?
■! Häufiges, plötzliches Aufhalten ohne Bremsengebrauch, zu kurze Aufhalter, Wendungen in zu scharfem Tempo und Rutschen der Pferde auf zu glatter Fahrbahn. Oft liegen die Ursachen auch in falscher Leinenverschnallung oder ungenügendem Ausbildungsstand der

Pferde, insbesondere wenn diese noch nicht voll geradegerichtet sind und die Durchlässigkeit zu wünschen übrig läßt.

⟨?⟩ Wie kann man hier Abhilfe schaffen?

⟨!⟩ Zunächst ist auf korrekte Leinenverschnallung, Fahrweise und Anspannung zu achten. Wenn die Pferde auch in gleichmäßigem Zug und bei vorsichtigen Paraden weiter abdeichseln, spannt man sie um. Wenn auch Umspannen und entgegengesetzte Leinenverschnallung nicht helfen, muß man zu den früher schon erwähnten Hilfsmitteln greifen (s.S. 103).

⟨?⟩ Was ist zu tun, wenn ein Pferd scheut?

⟨!⟩ Der Fehler liegt meist in der Ausbildung. In dieser Phase muß das Pferd – ggf. unter dem Sattel – an alle möglichen Situationen gewöhnt werden. Das geht nur auf der Grundlage eines guten Vertrauensverhältnisses zwischen Mensch und Pferd. Ein scheuendes Pferd zu bestrafen oder mit Gewalt zum Gehorsam zu zwingen, wäre der größte Fehler.

⟨?⟩ Wann sagt man, ,,ein Pferd fällt auseinander''?

⟨!⟩ Wenn es mit langem Hals nicht mehr am Gebiß steht und ohne Schwung geht.

⟨?⟩ Wann ,,geht ein Pferd über dem Zügel''?

⟨!⟩ Wenn es den Kopf zu hoch trägt und den gegebenen Leinenhilfen nach oben ausweicht.

⟨?⟩ Wann ,,kriecht ein Pferd hinter den Zügel''?

⟨!⟩ Wenn es den Hals überrollt und mit der Nase hinter der Senkrechten geht, ohne das Gebiß anzunehmen.

⟨?⟩ Wann spricht man von einem ,,toten Maul''?

⟨!⟩ Wenn ein Pferd nicht kaut, sich auf das Gebiß legt und nur auf grobe Hilfen reagiert.

⟨?⟩ Wie kann man diese Fehler vermeiden bzw. abstellen?

⟨!⟩ Nur durch ständige weiche und aufmerksame Verbindung zwischen Hand und Pferdemäulern unter häufigem Nachgeben und Annehmen der Leinen – alles auf der Grundlage einer soliden Ausbildung von Pferden und Fahrer.

Fahren auf Straßen und im Gelände

Das Gespann im Straßenverkehr

[?] Was ist beim Fahren mit Gespannen im Straßenverkehr zu beachten?
[!] Das Gespann muß verkehrssicher sein, der Fahrer muß es sicher beherrschen und die allgemeinen Verkehrsvorschriften einhalten.

[?] Wie heißt die Grundregel für die Teilnahme am öffentlichen Straßenverkehr?
[!] Jeder Verkehrsteilnehmer hat sich so zu verhalten, daß kein anderer geschädigt, gefährdet oder mehr als nach den Umständen unvermeidbar behindert oder belästigt wird.

[?] Was gilt für die Straßenbenutzung?
[!] Im modernen Straßenverkehr sind Pferdegespanne verhältnismäßig langsame Fahrzeuge und müssen stets die äußerste rechte Straßenseite einhalten.

[?] Was ist hinsichtlich der Geschwindigkeit zu beachten?
[!] Der Fahrer darf nur so schnell fahren, daß er sein Fahrzeug ständig beherrscht. Dies ist beim Galoppieren nicht mehr gewährleistet, und es ist daher auf öffentlichen Straßen verboten.

[?] Was ist neben den allgemein bekannten Verkehrsvorschriften für Fuhrwerke besonders zu beachten?
[!] Es muß stets ein ausreichender Abstand von den vorausfahrenden Fahrzeugen eingehalten werden, damit überholende Fahrzeuge ohne Gefahr für das Gespann einscheren können.

[?] Was sagt die Straßenverkehrsordnung über das Abstellen von Gespannen?

🛑 Wenn der Fahrer sein Gespann verläßt, muß er zur Vermeidung von Unfällen folgende Maßnahmen treffen: Die Bremse ist fest anzuziehen, die Innenstränge sind zu lösen und die Leinen an der Bracke kurz anzubinden.

❓ Welche Anforderungen stellt die Straßenverkehrszulassungsordnung an ein Gespann?

🛑 Das Fahrzeug muß leicht lenkbar sein, der Platz für den Fahrzeugführer muß so angeordnet sein, daß das Fahrzeug sicher geführt werden kann und sicheres Auf- und Absteigen möglich ist.

❓ Wie müssen die Bremsen beschaffen sein?

🛑 Das Fahrzeug muß eine ausreichende Bremse haben, die während der Fahrt leicht bedient werden kann und ihre Wirkung erreicht, ohne die Fahrbahn zu beschädigen. Als ausreichende Bremse gilt jede am Fahrzeug fest angebrachte Einrichtung, welche die Geschwindigkeit des Fahrzeugs zu vermindern und das Fahrzeug festzustellen vermag.

❓ Welche Beleuchtungsvorschriften gelten für Kutschwagen?

🛑 Das Fahrzeug muß mit einer ausreichenden Beleuchtungsanlage entsprechend der StVZO ausgestattet sein. Nach vorne muß auf beiden Seiten je eine weiße, blendfreie Leuchte, nach hinten auf beiden Seiten jeweils eine rote Schlußleuchte in nicht mehr als 1,5 Metern Höhe über der Fahrbahn und nicht weiter als 0,4 Meter von den Außenkanten entfernt vorhanden sein. Die Lichtquelle muß ausreichend betriebssicher, v. a. windsicher sein. Zusätzlich sind am Heck zwei rote Rückstrahler, die nicht dreieckig sind, vorgeschrieben. Vorne und am Heck müssen jeweils auf beiden Seiten gelbe Blinklichter angebracht sein. An den beiden Fahrzeuglängsseiten sind jeweils mindestens zwei gelbe Rückstrahler vorgeschrieben in nicht mehr als 0,6 Metern Höhe über der Fahrbahn. Die Beleuchtung muß vom Fahrersitz zu bedienen sein, ohne daß dieser verlassen werden muß. Es ist erforderlich, daß das Fahrzeug mit einer Stromquelle ausgestattet ist, die eine Versorgung der Beleuchtungsanlage über einen längeren Zeitraum auch bei Dunkelheit gewährleistet.

❓ Besteht für Gespannfahrzeuge eine Kennzeichnungspflicht?

🛑 Ja, aber nicht für Kutschwagen. Bei landwirtschaftlichen oder gewerblichen Fahrzeugen müssen auf der linken Seite Vorname, Zu-name und Wohnort des Besitzers in unverwischbarer Schrift deutlich angegeben sein.

[?] Ist es erlaubt, eine Zweispänner-Kutsche mit Mitteldeichsel von nur einem Pferd ziehen zu lassen?

[!] Nur, wenn die sichere und schnelle Einwirkung des Fahrers auf die Lenkung gewährleistet ist. Dies kann durch Anspannung mit Kumtge-schirr oder mit Sielen und Schweifriemen oder Hinterzeug durch Straffung der Aufhalter oder ähnliche Mittel erreicht werden. Unzu-lässig ist die Anspannung an den äußeren Enden beider Ortscheite oder an nur einem Ortscheit der Waage, wenn diese nicht mit einer Kette oder dergleichen festgelegt ist. Bei Pferden ist die Verwendung sogenannter Zupfleinen unzulässig.

Fahren im Gelände und in der Natur

[?] Woran muß man bei der Benutzung von Feld- und Waldwegen denken?

[!] Die neuen Naturschutz-, Landschafts- und Forstgesetze der Länder und des Bundes enthalten unterschiedliche Vorschriften für das Fahren in der Natur. Leider wird nur im Bayerischen Naturschutz-gesetz das Fahren mit Kraftfahrzeugen gesondert geregelt, während überall sonst die Gespannfahrer den gleichen Verboten unterliegen, wie die Kraftfahrer. Hier muß man sich über die örtlich gültigen Rege-lungen informieren und erforderlichenfalls Sondergenehmigungen beantragen.

[?] Welche Durchschnittsgeschwindigkeit kann mit einem normal trainierten Gespann über längere Entfernungen zugrundegelegt werden?

[!] Unter Einbeziehung der Pausen und Schrittreprisen kann man durchschnittlich 10 km/h zurücklegen. Mit einem gut trainierten Ge-spann können aber auch höhere Durchschnittsgeschwindigkeiten ohne Gefahr für die Pferde erzielt werden.

[?] Was ist bei der Planung längerer Ausfahrten zu beachten?

[!] Wenn das Gelände nicht bekannt ist, muß die Strecke mit Hilfe einer

Wanderkarte ausgesucht und zusammengestellt – besser vorher abgefahren werden.

?⃞ Wonach muß sich die Länge der Strecke richten?

❗ Nach der Verfassung und dem Trainingszustand der Pferde, den Bodenverhältnissen und eventuellen Übernachtungsmöglichkeiten für Pferde und Fahrer.

?⃞ Wie kann pauschal ein sinnvolles Training des Pferdes für solche längeren Touren beschrieben werden?

❗ Acht bis zwölf Wochen vorher soll das Pferd wenigstens dreimal in der Woche bis zu drei Stunden im fleißigen Schritt und Trab trainiert werden. Das tägliche Reiten im Gelände ist eine ideale Ergänzung.

?⃞ Wie ist die Strecke bei einer mehrtägigen Tour einzuteilen?

❗ Für den ersten Tag ist eine Strecke von ca. 30 Kilometern einzuplanen, die man je nach Zustand der Pferde, Gewicht des Wagens und Streckenverlauf auf 50 bis 60 Kilometer steigern kann.

?⃞ Welche örtlichen und naturbedingten Verhältnisse sind bei der Planung zu berücksichtigen?

❗ Es darf kein Flurschaden entstehen. Im Walde ist Querfeldein-Fahren durch Forstkulturen, Dickungen, Saatkämpe und Neuanpflanzungen verboten. Die Strecke soll zu möglichst großen Teilen über unbefestigte Feldwege führen. Über Wiesen, Weiden, Felder und auf Fuß- und Radwegen darf nicht gefahren werden.

?⃞ Was ist über Jagdzeiten zu sagen?

❗ Es ist empfehlenswert, sich über Jagdzeiten zu informieren. Rehwild kann zum Beispiel vom 16. Mai bis 15. Oktober gejagt werden. In dieser Zeit sollte man nlcht vor 7.00 Uhr und nach 19.00 Uhr durch den Wald fahren.

?⃞ Welche Bedingungen müssen bei solchen Fahrten Hufe und Beschlag erfüllen?

❗ Die Hufe müssen gepflegt und elastisch sein. Der Beschlag soll mit Hartstiftstollen versehen sein und spätestens eine Woche vor der Fahrt erneuert werden.

? Welche besondere Ausrüstung ist einzuplanen, die im Wagen mitgebracht werden muß?

! Es sind erforderlich: Stallhalfter mit Anbindestrick, Putz- und Pflegemittel, eine kleine Apotheke für Pferd und Fahrer, Pferdedecken, Hufbeschlagzeug, Reserveteile. Am Übernachtungsort ist für die Unterbringung der Pferde mit Einstreu, Futter, einer Plastikwanne als Krippenersatz und einem Tränkeimer zu sorgen, dazu möglichst verschließbarer Schuppen oder Garage für den Wagen.

? Nach welchen Gesichtspunkten ist ein Rastplatz auszuwählen?

! Der Rastplatz soll wind- und bei Hitze sonnengeschützt sein, es sollen möglichst keine Stechmücken und Giftpflanzen am Ort, sondern gutes Gras für die Pferde und eine reizvolle Aussicht für Fahrer und Passagiere vorhanden sein.

? Welche Giftpflanzen gibt es bei uns?

! Liguster (1), Herbstzeitlose (2), Roter (3), Gelber (5) und Blasser (9) Fingerhut, Sadebaum (4), Gefleckter Schierling (6), Wasserschierling (15), Maiglöckchen (7), Tollkirsche (8), Goldregen (10), Frühlings-Adonisröschen (11), Sommer-Adonisröschen (14), Schellkraut bzw. Schöllkraut (12), Eibe (13), Bilsenkraut (16), (die Pflanzen finden Sie auf Bild 72 a und b unter den in Klammern angegebenen Nummern abgebildet); Hyazinthen, Buchsbaum und Falsche Akazie (ohne Abbildungen).

? Worauf ist bei einer Rast zu achten?

! Nur bei warmer Witterung kann man ein Pferd im Freien stehen lassen, aber auch dann nie im Wind. Bei einer Rast nach längeren Fahrstrecken sollte man Gurten- und Geschirrlage nachsehen und die Pferdebeine auf eventuelle Verletzungen hin überprüfen. Wenn die Pferde grasen können, sollte ausgespannt und die mitgebrachten Halfter angelegt werden. Außerdem ist darauf zu achten, daß sich die Pferde nicht gegenseitig schlagen können. Wenn sauberes Wasser vorhanden ist, sollen Brust, Schulter und Gurtenlage feucht abgerieben werden.

? Wie sind die Pferde nach einer längeren Ausfahrt zu versorgen?

! Man schwammt Brust, Schulter und Gurtenlage, Gesicht, After

Abb. 72 a) Giftpflanzen.

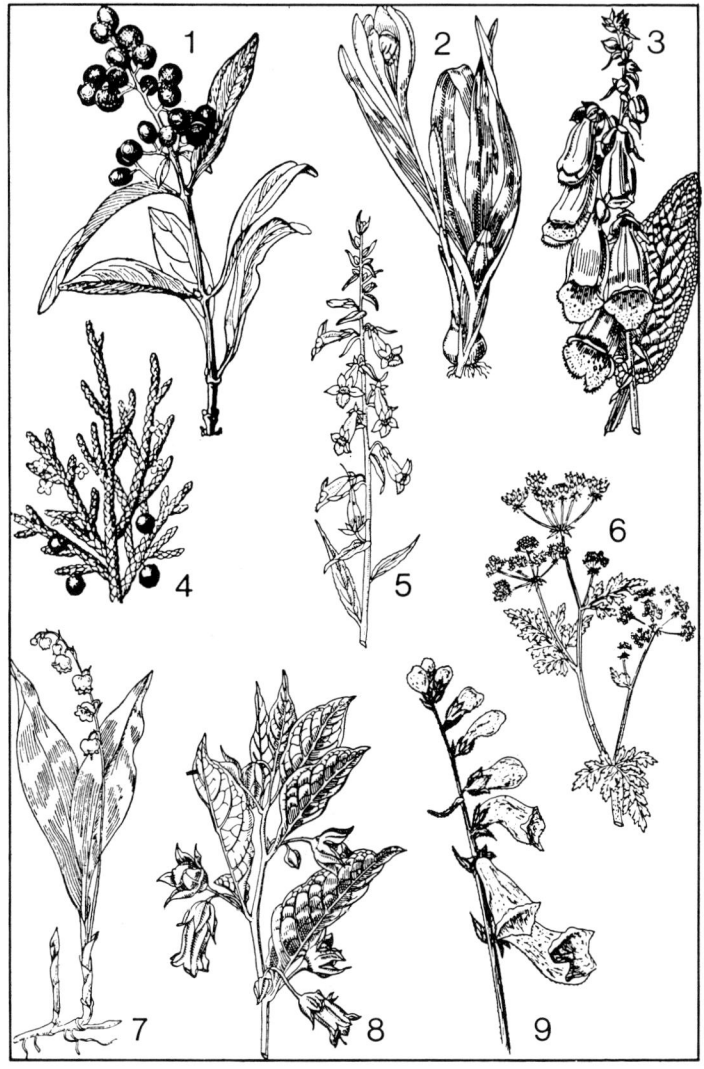

Abb. 72 b) Giftpflanzen.

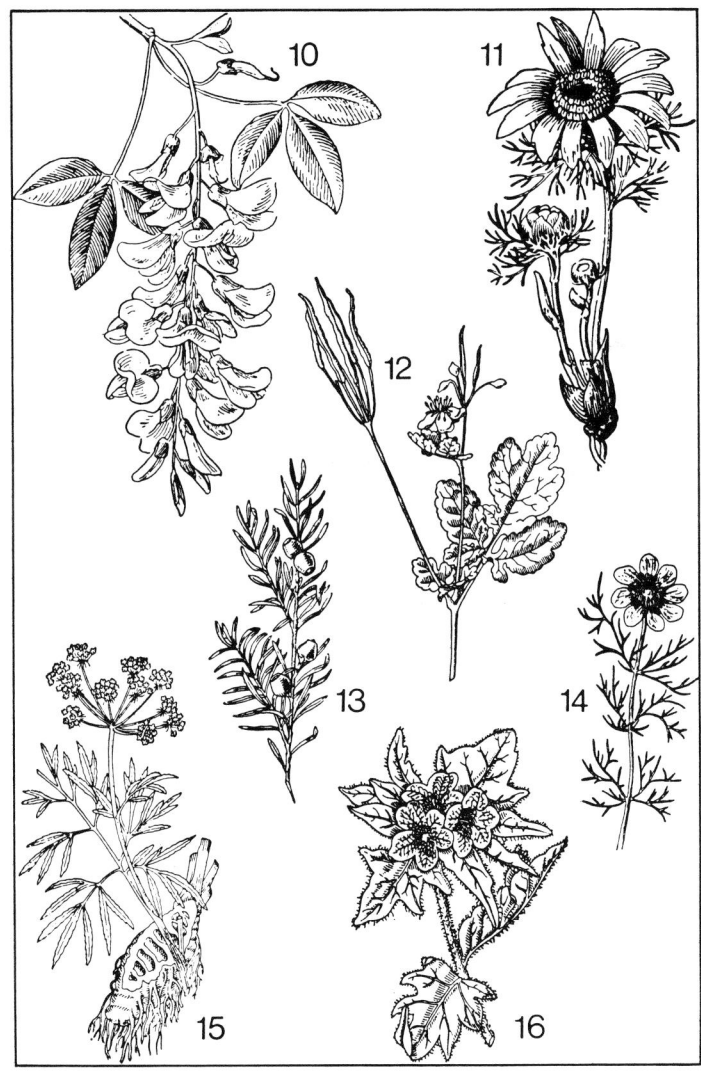

sowie die Partie zwischen den Hinterbeinen ab, wäscht oder spritzt die Beine ab, sieht nach Verletzungen, überprüft Hufe und Beschlag und führt die Pferde zum Schluß – bei kühler Witterung eingedeckt – noch einige Zeit an der Hand.

Leistungsprüfungswesen und Tierschutzgesetz

Leistungsprüfungswesen

Die Antworten auf die folgenden Fragen beruhen auf der LPO von 1976, Neufassung 1994.

[?] Welche Bestimmungen sind für Pferdeleistungsprüfungen in Deutschland maßgebend?

[!] Die Bestimmungen der Deutschen Reiterlichen Vereinigung (FN), die sog. Leistungsprüfungsordnung (LPO).

[?] Welche Bestimmungen sind für internationale Pferdeleistungsprüfungen verbindlich?

[!] Das General-Reglement (RG) der Fédération Equestre Internationale (FEI).

[?] Was sind die wichtigsten Unterschiede der Wettbewerbs- und Prüfungskategorien C, B und A?

[!] 1. Wettbewerbe der Kategorie C (Klasse E) sind von lokaler Bedeutung mit Geldpreisen bis zu 220 DM oder Ehrenpreisen.

2. Leistungsprüfungen der Kategorie B (Klassen A, L und M) sind von regionaler Bedeutung mit Geldpreisen von 300 bis 900 DM.

3. Leistungsprüfungen der Kategorie A (Klassen M und S) sind von überregionaler Bedeutung mit Geldpreisen von 800 DM aufwärts.

[?] Wie sind Leistungswettbewerbe (WB) und Leistungsprüfungen (LP) nach der LPO unterteilt?

[!] 1. Breitensportliche Wettbewerbe

2. Voltigierwettbewerbe und -leistungsprüfungen der Kat. C, B, A

3. Reiter- und Fahrerwettbewerbe der Kat. C
4. Basis- und Aufbauprüfungen
5. Dressurprüfungen
6. Springprüfungen
7. Vielseitigkeits- und Geländeprüfungen
8. Fahrprüfungen
9. Kombinierte Prüfungen

[?] Welche Prüfungsarten sieht die LPO für Fahrer vor?
[!] Gebrauchsprüfungen, Dressurprüfungen mit und ohne Gespann-kontrolle, Hindernisfahren, Gelände- und Streckenfahren, Spezialhin-dernisfahren, Vielseitigkeits- und kombinierte Prüfungen.

[?] Wo findet man diese Prüfungen in der LPO?
[!] Alle Prüfungen für Fahrpferde – ausgenommen die Fahrer- und Schauwettbewerbe – sind auf den braunen Seiten der LOP, §§ 700–763, zusammengefaßt.

[?] Was versteht man unter kombinierten Prüfungen?
[!] In kombinierten Prüfungen werden die Ergebnisse mehrerer Einzel- oder Teilprüfungen in einer Wertung zusammengefaßt. Hier können z.B. auch Prüfungen im Gespann und unter dem Sattel kom-biniert werden.

[?] Wie sind die unterschiedlichen Anforderungen in den einzelnen Prüfungen für Fahrpferde eingeteilt?
[!] Kat. C: Klasse E = Eingangsstufe
Kat. B: Klasse A = Anfangsstufe
          Klasse L = Leicht
          Klasse M = Mittelschwer
Kat. A: Klasse M = Mittelschwer
          Klasse S = Schwer

[?] Welche Formalitäten müssen vor einem Start in einer Prüfung der Kategorien B oder A erledigt werden?
[!] Der Fahrer muß einen gültigen Fahrerausweis für Amateure oder Berufsreiter/-fahrer haben. Jedes zu startende Pferd muß bei der Deut-schen Reiterlichen Vereinigung als Turnierpferd eingetragen sein.

Die Nennung, Stall- und Nenngeld bzw. Einsatz müssen termingerecht abgegeben worden sein. Ebenso müssen die Startmeldung und das Startgeld für die jeweilige Prüfung bis zum Meldeschluß abgegeben werden.

[?] Wo werden Termine, Ausschreibungen, Nennungen und Ergebnisse veröffentlicht?

[!] Ausschreibungen sind beim Veranstalter erhältlich. Die Termine aller Turniere sowie die Ausschreibungen, Nennungen und Ergebnisse von Leistungsprüfungen der Kategorie A stehen jeweils im „Kalender für Pferdeleistungsprüfungen", der von der Deutschen Reiterlichen Vereinigung bezogen werden kann. Außerdem veröffentlichen manche Landesverbände die Ausschreibungen ihrer Mitgliedsvereine in ihren Mitteilungsblättern. Die FN gibt auch jeweils ein Jahrbuch mit allen Ergebnissen von Prüfungen der Kategorie A und den 1. bis 3. Plätzen der Kategorie B des vorangegangenen Jahres heraus.

[?] Was ist bei internationalen Starts wichtig?

[!] Startgenehmigung der FN, FEI-Pferdepässe sind erforderlich, und es gilt das FEI-Reglement.

Tierschutzgesetz

[?] Gegen welchen Paragraphen des Tierschutzgesetzes verstößt ein Fahrer, der mit seinem unvorbereiteten, untrainierten Pony Tagestouren unternimmt, so daß dieses Geschirrdruck bekommt oder lahm geht?

[!] § 1: Es darf niemand einem Tier ohne vernünftigen Grund Schmerzen, Leiden oder Schäden zufügen.

[?] Kann ein Pferdehalter bestraft werden, der sein Pferd in einem Ständer unterbringt, der so eng ist, daß sich das Tier nicht hinlegen kann, oder der sein gesundes Pferd tagelang dreckig und schweißverklebt in einer engen Boxe stehen läßt?

[!] Dieser Pferdehalter macht sich strafbar, weil er sein Pferd nicht artgemäß hält (zu enge Boxe oder Ständer) und pflegt (§ 2 Abs. 1 Ziff. 1). An dieser Stelle bestimmt das Gesetz außerdem, daß das Tier auch artgemäß gefüttert werden muß. Durch das Tierschutzgesetz ist auch vorgeschrieben, daß ein Pferd täglich ausreichende Bewegung haben muß (§ 2 Abs. 1 Ziff. 2).

⃞ Gegen welchen Inhalt des Tierschutzgesetzes verstößt ein Fahrer, der seine Pferde immer von neuem mit der Peitsche dazu antreibt, eine Zugleistung zu vollbringen, die die Kräfte der Tiere überfordert?

■ „Es ist verboten, einem Tier außer in Notfällen Leistungen abzuverlangen, denen es wegen seines Zustandes offensichtlich nicht gewachsen ist oder die offensichtlich seine Kräfte übersteigen" (§ 3 Ziff. 1).

⃞ Was besagt dieses Gesetz über die Anmeldepflicht von Reit- und Fahrbetrieben?

■ Gewerbliche Reit- und Fahrbetriebe müssen bei den zuständigen Behörden angemeldet werden.

⃞ Welche Höchststrafen sieht das Gesetz bei Verstößen und Ordnungswidrigkeiten vor?

■ Wenn ein Reiter oder Fahrer seinem Pferd beispielsweise länger anhaltende oder sich wiederholende erhebliche Schmerzen oder Leiden zufügt, so kann er zu einer Freiheitsstrafe bis zu zwei Jahren verurteilt werden. Wenn ein Pferdehalter beispielsweise gegen die Gesetze über Haltung, Fütterung und Pflege verstößt, so gilt dies als Ordnungswidrigkeit und kann mit bis zu 50 000 DM Geldbuße bestraft werden.

Literatur

Achenbach, Benno von: Anspannen und Fahren, Berlin 1925 (Nachdruck Aachen 1978)

Blendinger, Wilhelm: Psychologie und Verhaltensweisen des Pferdes, Berlin – Hamburg 1989

Deutsche Reiterliche Vereinigung e.V. (FN):

* Leistungsprüfungsordnung – LPO –, Warendorf 1994
* Aufgabenheft gemäß LPO, Warendorf 1994

Ausbildungs- und Prüfungsordnung – APO –, Warendorf 1994

Richtlinien für Reiten und Fahren, Band V – Fahren –, Warendorf 1991[4]

Eckert, Hans-Ulrich: Das Pferd im Zug, Reiter Revue International, Mönchengladbach 9/1979

Ende, Helmut: Die Stallapotheke, Rüschlikon-Zürich 1979

Fellgiebel, H.: Die Fahrschule, Berlin 1930

Fellgiebel, H.: Die Fahrausbildung, Düsseldorf 1949

Gerber, David: Fahrhandbuch für Stadt und Land, Pfäffikon 1958

Geuer, C.: Reiter, Pferd und Fahrer, Band 2, Essen 1939

* *Hölzel, Wolfgang:* Das Reiterabzeichen, Stuttgart 1990

Imhäuser, Wilhelm: Richtlinien für das Fahren – Grundausbildung –, Warendorf 1954

Lamparter, Christian: Die Fahrlehre, Aachen 1974

Lamparter, Christian: Fahren mit Pferd und Kutsche, Frankfurt/M 1974

Laur, Hermann P.: Fahrsport in Turnier und Freizeit, Handbuch Pferde I, Osnabrück 1977

Laur, Hermann P.: Einfahren von Reitpferden, Handbuch Pferde II, Osnabrück 1979

Lehrner, Heinrich: Fahren mit Pferden. Von der Fahrkultur zum Fahrsport, Berlin 1991

Neindorff, Egon von: Kleine Reit- und Fahrlehre, Stuttgart 1977

Nissen, Jasper: Das Sportpferd, Stuttgart 1964

Oese, Erich: Pferdesport, Berlin 1974

* *Pape, Max:* Die Kunst des Fahrens, Stuttgart 1989

* *Pape, Max:* Richtlinien für die Ausbildung von Mehrspännern, Warendorf 1967

Ryder, Tom: On the Box Seat, Gawsworth 1977

Schrenk, Hans-Jörg: Kutschen, Stuttgart 1989

Schrenk, Hans-Jörg: Neue Fahrlehre, Stuttgart 1992

Tarr, László: Karren Kutsche Karosse, Berlin/Budapest 1978

Wrangel, Graf Carl Gustav von: Das Buch vom Pferde, Band 1, Stuttgart 1927 (Nachdruck Hildesheim 1977)

Wrangel, Graf Carl Gustav von: Das Luxus-Fuhrwerk, Stuttgart 1898

Aus den mit * gekennzeichneten Werken wurde – z.T. auch wörtlich – zitiert.   Der Verf.

Sachregister